貧しい人々への
友愛訪問

―現代ソーシャルワークの原点―

メアリー・E・リッチモンド 著

門永朋子・鵜浦直子・髙地優里 訳

中央法規

翻訳にあたって

- 本書は1899年に刊行された、アメリカにおける友愛訪問員のための手引書であり、当時のワーカーにとっての課題が章ごとに論じられている。
- 第1章は、原著者の問題意識を抽象的に取り扱っており、難解な文章となっているが、第2章以降は具体的な事例も描かれており、内容をつかみやすい。読者の関心のあるテーマから順に読んでいただければ、本書が本来的に意図することを速く理解することにつながると思われる。
- 訳出にあたっては、一般的な定訳語を用いるようにした。単数・複数形など英語特有の使い分けのあるものについては、原著が執筆された当時の学術的バックグラウンドを考慮しつつ、原文に忠実に訳した（例えば、「ニード（need）」と「ニーズ（needs）」）。また、現在では使われることの少ない単語や慣用句についても、原著者の意図ができるだけ伝わるように訳出した（例えば、「女史（Miss）」と「夫人（Mrs.）」）。
- 原著における明らかな誤字・脱字を除いては、原文どおりに訳出した。そのため、とくに固有名詞について、訳出の表記にばらつきのある箇所がある（例えば、p.159の「ヘンリー・ワトソン児童救済協会」と「ヘンリー・ワトソン救済教会」）。
- 原著においてイタリック体で表記されている箇所については、下線を引いた。
- 〔　〕は、本文の理解を深めるために訳者が加筆したものである。

FRIENDLY VISITING AMONG THE POOR
A HandBook for Charity Workers
BY
MARY E. RICHMOND
1899

序にかえて

　本書は、個人や教会の代表者、キングス・ドーターズ（King's Daughters）、エプワース連盟（Epworth League）、クリスチャン・エンデバー協会（Christian Endeavor Society）といった宗教関連団体の代表者たちだけでなく、貧しい人々の家庭で慈善活動を始めようとする人たちのための手引書である。「友愛訪問員（friendly visitor）」という言葉は、貧しい人々の状況が恒久的に改善するように力を注がず、本当の意味での友人になろうと心を砕くこともなく、何の目的もなしに、ほんのわずかな期間だけ貧しい人々を訪問する者をさすのではない。友愛訪問が地区訪問とは異なる点は、慈善組織協会（charity organization societies）による活動を起源とすることにある。慈善組織協会のなかには、ボランティアたちが貧しい人々の家庭において効果的にはたらきかけられるように、粘り強く訓練を重ねているところがある。これらの協会にとって、本書が役立っていることは、喜ぶべきことなのだろう。けれども本書の内容は、彼らが活用することだけを目的としていない。そのため、地区協議会に参画する訪問員の組織については、一切触れなかった。慈善活動のなかでリーダーシップを求められている、経験の浅いワーカーたちにとって、有能な指導者のもとで、うまく組織化された協議会が開催する会議に勝る訓練の場はない。そればかりか最も経験の豊かなワーカーであっても、そうした協議会と緊密に連絡を取り合うことによって、より効果的なはたらきができるようになる。
　本書の内容が、すべての訪問員の活動に適用できるかのように受け取らないでほしい。友愛訪問員が、これらの内容のすべてを取り入れようとすれば、自分の関心事を捨て去ることになるだろう。しかし、その関心事こそが、貧

しい人々の友人となるために役立つこともあるということである。辞書に記載されている用語のように、少数のワーカーだけに役立つ内容もあれば、多くの人の活動に適用できる内容も同様に含まれている。

参考文献に挙げている、一定の基準を満たした信頼できる書籍に加え、各章の終わりには、補足的に文献一覧を附した。これらの一覧は、各章の主題そのものを取り扱う参考文献ではない。本書のような手引書は主に、詳しく知りたいことを提示するという点で役立つ。多くの参考文献や手元にある出版物のなかから、実態をよく例示していると思われる、ごく一般的な逸話や、雑誌の記事等を織り込むことが、初学者にとっては最適だろうと考えた。

本書には、貧しい人々について書かれた先行文献から、そのまま引用した箇所が多いと思われるかもしれない。私にはこれらのこと以外にも、借りがある。実際には、私のものの見方そのものと着想ということになるのだろうが、私が慈善活動を理解しているかのように述べている箇所はすべて、確たる出典にあたることができる。ロンドン慈善組織協会（Charity Organization Society of London）の指導者の方々、オクタヴィア・ヒル（Octavia Hill）女史、バーナード・ボサンクエット（Bernard Bosanquet）夫人〔英国の哲学者の妻ヘレン（Helen）をさす〕、C・S・ロック（C. S. Loch）氏といった面々から、読者には私の責任の大きさを理解してもらえるだろう。また、ジョセフィン・ショウ・ローウェル（Josephine Shaw Lowell）夫人とニューヨークのワーカーの方々にも、たいへんお世話になったことを記しておかなければならない。この方々は、市政の腐敗という困難に立ち向かって改革を推し進めている。さらに、あのジェーン・アダムズ（Jane Addams）女史という指導者の手腕のもとにある組織からは、シカゴのハルハウス（Hull House）における近隣のもつ力を目的とした、非常に素晴らしい学びを得ることができた。しかし、誰よりも大きな借りがあるのは、19年前にボストンの友愛訪問員を

組織化して以来、その有用性を高めている、慈善連盟（Associated Charities）のみなさんである。彼らの報告書は、私の情報源としての最も大きな価値を有している。ここボルチモアの友人やワーカー仲間たちの名前を挙げてはいないけれども、私が彼ら一人ひとりを何よりも深く心に留めていることを申し上げておきたい。

　　　　　　　　　　　　　　　　　　　1899年1月、ボルチモアで

CONTENTS

序にかえて ───────────────────── i
第1章 はじめに ───────────────── 1
第2章 一家の主人 ──────────────── 13
第3章 家庭における一家の主人 ─────────── 33
第4章 主婦 ──────────────────── 49
第5章 子ども ───────────────── 59
第6章 健康 ──────────────────── 73
第7章 消費と節約 ─────────────── 83
第8章 レクリエーション ─────────────── 97
第9章 救済 ──────────────────── 107
第10章 教会 ──────────────────── 127
第11章 友愛訪問員 ─────────────── 137

補遺 ─────────────────────── 151

訳者解説 ───────────────────── 171
索引 ─────────────────────── 176
訳者紹介

第 1 章

はじめに

英文小説に、ある種の進展があることが、何となくではあるが、長いあいだにわたって気にかかっていた。かつて私は、その進展をたどってみたいと思ったことがあったが、あまりにも壮大すぎてこの思いつきを諦めてしまった。そうした前に進む流れというものが実際にあるとして、その流れは、私の頭のなかでは、英文小説の前景にみられるありふれた一般の人々が列をなす姿をしている。私の取り扱おうとしている主題とは異なるように思われるかもしれないが、私は、慈善活動の進展における、多様かつ同等に重要な変化を例に引きながら、以下に考えをまとめてみようと思う。

　我々が手にすることのできる2世紀分の小説を、貧しい人々や不運な人たちへの関心についての、ゆるやかな進展をたどるという観点から、ページを繰ったことのある者がいたとしたら、常に真っ直ぐに前進するはずの道が、歩く者を不安にさせるかのように行ったり来たりする、妙な道程を踏むことになるが、小説家が貧しい人々を描こうとする初期の試みにもまた気づくだろう。貧しい人々は、裕福な男性主人公や女性主人公が、自分たちの慈善を施すための単なる操り人形として取り扱われてきた。小説の読者は、少なくとも物語の冒頭の重要な部分は貧しい人々が動かしてきたことに気づくだろう。そして、我々がうっすらとした感傷をとおして、物語の最初の部分においてのみ、貧しい人々と接してきたからこそ、リチャードソン（Richardson）〔Samuel Richardson。18世紀のイギリス人男性作家〕からディケンズ（Dickens）〔Charles Dickens。19世紀のイギリス人男性作家〕の時代まで、小説を書くという芸術が偉大な進歩を遂げるのを見ることができたのだし、我々は、ありえない美徳が反映された「パミラ（Pamela）」〔リチャードソン著『パミラ、あるいは淑徳の報い』の登場人物の名前〕や、ディケンズの描く貧しい人々の通俗的な悪徳、という人物設定に感嘆できるのだ。

　はじめにエッジワース（Edgeworth）女史〔Maria Edgeworth。17世紀後半から18

世紀前半のイギリス人女性作家〕やスコット（Scott）〔Walter Scott。18世紀から19世紀のイギリス人男性作家〕、それに次ぐものとして、おそらくおおかたはジョージ・エリオット（George Eliot）〔19世紀のイギリス人女性作家〕によるということになるのだろうが、我々は自分たちが、ありふれた人々についての事実に則した考察の恩恵を受けていることに気づくだろう。対象への誠意から導き出されたこれらの考察は、好ましくない特性を非難も擁護もしないからこそ、我々は市井の人々についてきちんと理解できるのだし、そのことが彼らに対する同情の真に純粋な源となるのである。同様に、我々の時代に生きる素朴な人々の生き生きとした描写をとおして共感という気持ちを広めた良心的な作家としては、アメリカには、ジュエット（Jewett）女史〔Sarah Orne Jewett。18世紀後半から19世紀初頭にかけて活躍したアメリカ人女性作家、詩人〕やオクターヴ・タネット（Octave Tanet）女史〔18世紀後半から19世紀前半のアメリカ人女性作家〕によるところが大きい。

　より近年の進展は、「社会学的」小説と呼ばれるもののなかに見て取れるだろう。我々が、あのように恐ろしく非道かつ醜悪に作りあげられたものを頻繁に目にするのは、文芸作品であることを考えてみれば当然であるし、貧困を取り扱ういかなる探求についてもフィクションのなかのそれであることを差し引いておかなければならない。

　現実の貧困を取り扱う場合に、これと同じような進展、つまり素朴でごく普通の人々が慈善の意識の前面にのぼるまでの道程をたどれると考えることは、あながち突飛ともいえない。ここでもまた、我々は必ずしも直線的に進んでいるのではなく、前時代の偉大なる精神が、我々が考えうるなかで最もすぐれていると思うことを予期していたことが分かる。しかしながら、この世界ではその崇高な基準に適応させるいかなる努力もほとんどが失敗に終わっている。

乱暴にいってしまえば、数世紀にわたる慈善的な行為は、少なくとも英国の世界では、ホブソン（Hobson）が引用して、会衆に向けて述べた、かの16世紀の神聖なるお粗末な詩、「見返りがなくとも、与えることを止めぬよう　物貰いどもが不徳でも、汝らは報われよう」に、実にうまく集約されている。

　中世の教会もまた、慈善的な施しを、火災保険の類として推奨していた。貧しい人々は、気にかけられたとしても、それは通常、与える側の魂の救済の手段として考えられてきた。こうした貧困に対する見方は、死に絶えたか死につつあるが、その後を継いでいる感傷的なものの見方は、いまだにごく一般的である。我々は貧しい人々について、彼らの実際はどのようなものなのかを理解するための痛みを一切負うことなく、自分たちのご立派な意図や、彼らが良い状態になるように願っていることを感じることで得られる満足といった心地良い靄をとおして、都合よくとらえている。つまり、我々の意図が善いものだとしても、それがごく純粋に慈善活動へと導くわけでもなければ、知識と経験だけに基づいていることに思い至らせるわけでもないのだ。

　しかし、今世紀の終盤までをざっと見渡すと、イギリスとアメリカの慈善活動に、二つの非常に重要な進展があるのが分かる。それは、彼らの実践の場における進展で、今世紀のフィクションという芸術における進展と同様に、重要である。第1は、個別サービスの精神における素晴らしい成熟で、貧しい家庭における友愛訪問員のはたらきに最も強く現れている。第2は、ソーシャルサービスという精神の、新しいけれども力強い広がりで、ソーシャルセツルメントおよびカレッジセツルメントに、その最たるものが現れている。これらの進展は、何段階かある世界の歴史上の、同様の考え方に新しく名前を付けたもので、どちらも復興(リバイバル)にすぎないと証明することは可能だ

ろう。しかし私にとっては、こうした一般的な認識は、以前にはなかったように思われる。

　このことは、おおむね三つに適切に定義された、慈善の進展の段階を示している。それは、見境のない救済という段階、個別サービスという段階、そしてソーシャルサービスという段階である。第1の段階において我々は、自分の良心のため、あるいは自分の感情を満足させるために慈善的であろうとする。第2の段階では、個別の貧しい人のために慈善的であろうとする。第3の段階では、我々は、その貧しい人が属する階層にとって慈善的であろうとする。

　いうまでもなく、見境のない救済の危険性については、これを主題として多くのことが書かれてきた。しかし、個別サービスとソーシャルサービスの危険性はそれほど指摘されていない。これらの二つのサービスの形態は、非常に近い関係にある。貧しい一個人と、彼の身近な人々の状態に対して良くも悪くも影響を与えることなく、彼とかかわることは不可能であるし、社会を構成する単位に良くも悪くも影響を与えることなく、社会的な諸条件を取り扱うこともまた不可能である。貧困という問題は、両方の側面から着手しなければならない。したがって、本書で私が個別サービスに特別に思い入れを示しているとしても、このサービスが、都市を健全で誘惑の少ないものにするために、学校制度をより徹底的かつ実践的にするために、公的な慈善をより効果的なものにするために奮闘している、善良な市民のはたらきによって提供されるのでなければ、さらには、こうした公的な事業も同様に推進させるようなものでなければ、我々の、貧しい家庭における個別のはたらきは総じて無駄に終わるだろう。

　私は、どちらのサービスの形態にも危険性があったことを述べてきた。個別の貧しい家庭とのはたらきにおいて我々は、彼らが近隣や地域の一部であ

ることや、地域に対して弊害をもたらすはたらき方で彼らに手を差し伸べる権利などないことを忘れがちである。我々は常に、自分が関心を寄せている特定の家庭は、「例外的な事例」であると考える。自分の例外的な事例に惜しみなく与えられる例外的な取扱いが、近隣の、我々にはとうてい満たすことのできない渇望を惹起することはよくある。そうして、個人とのかかわりに取り組むようになると、我々は個人にその源がある貧困の原因の重要性を誇張したがる。また、我々は、飲酒、放蕩といった個人の好ましくない習慣や、浪費、怠惰、あるいは不十分な能力に見られる道徳面や精神面の欠如をことさらに主張したがる。さらに、我々のなかには、貧困という病のすべてを、よく考えもせずに、飲酒や怠惰のせいにする者さえいる。一方で、ソーシャルサービスにかかわる人々は、個人とは無関係の貧困の原因を主張することがよくある。彼らには、劣悪な産業労働の諸条件や法制度の不備が、貧しい人々を取り巻くほとんどすべての困窮の原因のようにみえている。セツルメントワーカーは、貧しい人々の苦難は、彼らには制御できない諸条件によるものだと主張したがる。

　真実は、これらの両極のあいだのどこかにある。貧困の個人的および社会的な原因は、互いに作用したり、反作用したり、原因と結果が位置を変えたりする、というのが本当のところで、これらは絡み合っているので、早急に対応しようとしたり、気短に取り組んだり、唐突に着手してみたりしても、解きほぐせない。チャリティワーカーとセツルメントワーカーは、互いに必要な存在なのだ。一方が他方の経験を看過することはできない。友愛訪問員と、貧しい家庭の諸条件を向上しようとする者は誰でも、市場の諸条件について研究している人たちや、貧しい人々の福祉に影響を与えている問題のより全般的な側面について探求している人たちの経験を前向きに受け入れなければならない。けれども、友愛訪問員たちは、社会改革の熱烈な擁護者たち

に影響されて、特性というものはこの複雑な問題のまさに核心にあると認識する堅実な中立的立場から、流されてはならない。それはつまり、貧困層に対して正義感と同様に哀れみの情をもつ富める人々の特性と、貧しい人々の特性のことで、貧しい人々は、自分自身の運命を切り開く者で、その力は、彼らが自覚しているよりも、あるいは我々が認識しているよりも、はるかに大きい。特性や規律の重要性を軽視することは、近代における博愛的活動に共通する誤りである。富める者と貧しい者はどちらも同じく、環境や、間違った社会秩序の犠牲者として描き出される。ある政治記者は、我々の先駆者たちは、不満を感じては、さらに混沌とした状態に陥ってきた、と記事に書いている。しかし現在では、何かが誤った方向へ進んでいれば、我々はワシントンに向けて抗議の声を上げて、問題に対する特別な法制度を求める。望ましくない事態は、この非民主主義的な気構えからくる健全な反応の欠如をさすのではない。慈善活動が影響を与えてきた限りにおいて、我々は、イギリス連邦に対して、屈強な自恃と自立という気概を取り戻す一端を担ってきたことに着目したい。

　こうしたことから、より全般的な考え方に目を向けて、本書では、慈善の影響を受けた貧しい人々の家庭生活の多様な側面を取り扱う。しかしながら、初めに、貧しい人々とは誰なのか、ということは問われてしかるべきだろう。これが富裕層のニーズに関する考察だとしたら、一般化するのが難しい階級であることが、容易に理解できるだろう。富める人々は、互いに、その趣味、目的、道徳と不徳が大きく異なると考えられている。豊かな人々からなる巨大な集合体は、実際には社会階級などではなく、これらの人々は、シャフツベリー卿（Lord Shaftesbury）〔19世紀のイギリス人政治家・社会改革家〕やバーニー・バルナート（Barney Barnato）氏〔19世紀のイギリス人実業家〕のような人たちとは異なるものとして考えられている。しかし、貧しい人々についても、まっ

たく同じことがいえる。そして、この多岐にわたるありようをそのままに認識することなしに、彼らに手を差し伸べることを目的として彼らのなかに分け入ろうとするあらゆる努力は、失敗に終わる。チャリティワーカーは、第1に、いつも非常に惨めな困窮状態にあるか、そうでなければそれは憐れなほどにありがたがっているというような、貧しい人々についての紋切り型なイメージを自分自身から取り除かなければならない。ワーカーは、貧しい人に対する恩着せがましい態度は、プレット氏が甥のトム・トゥリヴァーに話しかけるときに「若旦那様」と言ったのと同様に、愚かしい立ち位置にあることを理解しなければならない〔プレット氏とトム・トゥリヴァーはともに、エリオット著『フロス湖畔の水車小屋』の登場人物〕。ジョージ・エリオット（George Eliot）は、次のように記している。「少年のおどおどとした態度は、決して強い尊敬の念の表れではない。あなたが、彼は自分の年齢や知恵という感覚に圧倒されているのだと思って、励ましのつもりで歩み寄ろうとしたところで、少年はあなたのことを途方もない変わり者だと思うに違いない」。博愛家になりたがる人物は、自意識が強く、自分自身の善行の対象についての意識は非常に曖昧で、「途方もない変わり者」に見えるだろうし、実際にそうなりがちである。

　私は、彼らをワーカーと、たかる人々とを区別しようとして、富める人々の人生に対する態度に基づいて、彼らについて書いてきた。しかし、この区別は、貧しい人々に対しても差し向けられるものである。ワーカーの信条は「私は、人生は世の中のおかげだと感じる」というもので、たかる人々の信条は「世の中は、俺が生きていることをありがたく思え」というものである。たかる者が貧しくなると、我々は彼を困窮者と呼ぶ。しかしながら、貧困と赤貧の世界は異なる。貧しい人は、環境上のストレスをとおして困窮状態に至ったのかもしれず、慈善を受け入れるよう強要されているのかもしれな

い。しかし、あなたが目にしている、本当の赤貧状態にある人には、彼が金持ちか貧しいかにかかわらず、その性根にはたかろうとする癖がある。したがって、貧しい人とは誰なのか、と我々が自問すれば、彼らには利己的な者と利他的な者、品格のある者とさもしい者、ワーカーとたかる者といった大きく異なる種類の性質があると答えざるを得ない。そして彼らのなかへ入っていくにあたっては、我々は自分とはしばしば異なる人々に遭遇することになるのだとわきまえておかなければならないが、それは瑣末で表面上のことにすぎず、多くは我々と同じなのである。

　これらの貧しい人々に関する基本的な事実を認識することに対して十分な心構えのある者は、善行を目的として貧しい人々のあいだに入っていく我々の権利を、個人の権利の押し付けがましい妨害と考えて、疑問を抱く。しかしながら、こうしたものの見方をする者が、自分自身の認識を確信していることはほとんどない。彼らは困窮状態を目にすると、手を差し伸べるために干渉する傾向が非常に強いが、この良かれと思って行う介入には、あらゆる状況についての個別の知識が伴っておらず、しばしば善いようにはたらくというよりも害のあるように作用し、援助というよりも誘惑となる。我々は、人間の苦悩とニードに直面したときに干渉すべきである。効果的な干渉とならないのはなぜなのか。ニーズの原因を取り去るために最善を尽くさないのはなぜなのか。

　慈善における熱心なワーカーの多くは、困窮状態にある家庭のすべてに、ニーズの原因を探し出して、忍耐と同情をもって取り去ろうと奮闘するような、ボランティアの訪問員が派遣されることになれば、社会の諸条件は格段に向上すると感じている。そうした訪問員は、自分の仕事をいくつかの家庭に制限する勇気と自制心を持つようにしなければならない。というのも、多くを十分に理解し、すべての貧しい家庭にとっての誤った道への誘惑と努力

を挫くものを把握して、貧しい家庭を効果的に援助することは不可能だからである。困窮しているすべての家庭に友人を差し出すことは実現不可能な理想に思えるかもしれないが、もし、現在、重複して仕事をしているために、各自の仕事ができないでいるすべての人々が、そして、今、不必要な慈善のために時間を無駄に費やしているすべての人々が、真剣に訓練を受けて、自分の仕事をいくつかの家庭との徹底したかかわりに限定すれば、貧しい人々に手を差し伸べる方法に関する課題は解決されるだろう。

そうした仕事にとりかかるために、様々な方法がある。それは、雇用主、近隣の人々、教会員といった我々の自然な関係から生じるのかもしれないし、慈善組織協会の地区ごとの事務所をとおしてもたらされるのかもしれない。というのも、これらの協会は、通常、ボランティアを訓練することやボランティアと貧しい家庭との友好的な関係を確立することを得意としているためである。しかしそうしてみたところで、とっかかりというものは我々のためにすぎず、自分たちが貧しい人の家庭の侵入者として足を踏み入れる必要などないという結論に至るのかもしれない。

慈善活動に必要な資質については、すでに多くのことが書かれている。それらを拡大解釈することもできよう。貧しい人々の家庭をよく知らない人たちは、若く経験の浅い人間を貧しい近隣に送り出すことは物騒だと考えがちである。実際には、貧しい近隣には多くの善良な人たちがおり、そのどこにいても若いワーカーたちは安全である。私は、数年前に見つけた古いノートに、自分が、友愛訪問員の不可欠な資質として、鋭い察知力のあることと善意とを記してあったのを目にした。もし我々が、鋭い察知力とは本能的あるいは獲得された知識を含むと考えるならば、このことは今でも的を射ているといえよう。我々は、自分たちが理解できない、あるいは理解しようと努力すらしないようなものの見方をもつ人々に対して鋭い察知力をもつことはで

きない。そうした理解に最も役立ち、慈善活動にとって最もすぐれた訓練となるものは、人生そのものからもたらされるものでなければならない。いくら書物を読んだとしても、我々が人間の喜びや哀しみに関心を払わなければ、自分に起きた出来事に対処するにあたって判断力を発揮したり意欲を示したりしなければ、あるいは人生を全般的に扁平で無益な事柄として見ているかぎりは、我々が善良な友愛訪問員へと変わることはない。我々は、与えられた察知力、寛容な精神、注ぎ込まれては溢れ出る活気、学びと経験をもってして、他者とかかわるサービスにおける最も重要な事柄について学ぶことができる。当然のことながら、読書で得られる知識は経験を補うし、それにまさる賢明な方法はない。

　友愛訪問についての、より全般的な議論については最終章に措くとして、以下から続く章における私の出発点は、慈善の構造よりもむしろ貧しい人の家庭の構成となる。市民、被雇用者、夫、父としての一家の主人、主婦としての妻、子どもたち、家庭の健康とレクリエーション、消費と節約に関する原則、適切な救済の原則、貧しい人々と教会の関係についてを、順を追って考察する。この分量の本では、いずれの主題の部分も過不足なく取り扱うというよりもむしろ、探求のための概観と、ものの見方を提示する試みになることをお断りしておく。

副読本

ジョージ・B・バゼル（George B. Buzelle）「慈善という仕事における個別性（Individuality in the Work of Charity）」『第13回全国慈善会議議事録（Proceedings of Thirteenth National Conference of Charities）』p.185以降。グレンダウワー・エバンス（Glendower Evans）女史「科学的なチャリティ（Scientific Charity）」『第16回全国慈善会議議事録（Proceedings of Sixteenth National Conference of Charities）』p.24以降。『アメリカ社会の諸問題（Problems of American Society）』におけるJ・H・クルーカー（J. H. Crooker）「科学的な慈善」に関する章。『第23回全国慈善会議議事録（Proceedings of Twenty-third National Conference of Charities）』p.106以降のソーシャルセツルメントに関する複数の論文。F・A・ウォーカー（F. A. Walker）「貧困の原因（The Causes of Poverty）」『センチュリー誌（Century）』Vol.LX、p.210以降。リチャード・ダグデール（Richard Dugdale）『ジューク家（The Jukes）』。オスカー・マカロック（Oscar McCulloch）「イシュマエルの一族（Tribe of Ishmael）」『第15回全国慈善会議議事録（Proceedings of Fifteenth National Conference of Charities）』p.154以降。「ルーニー家（The Rooney Family）」については、チャールズ・ブース（Charles Booth）『ロンドン民衆の生活と労働（Life and Labor of the People）』Vol. VIII、p.317以降を参照。ウィリアム・T・エルシン（William T. Elsing）「ニューヨークの安アパートにおける生活（Life in New York Tenement Houses）」『スクリブナーズ（Scribner's）』Vol. XI、p.677以降。マーガレット・シャーウッド（Margaret Sherwood）女史『利他主義における試み（An Experiment in Altruism）』。

第 2 章
一家の主人

先日、ある大都市で、六つの教会とチャリティワーカーたちの会議が開かれた。彼らは、ある家族への対応について共通の方針にかかわる計画を立てて、それに合意するために集まった。その家族は、何の目的もなければ、何の芳しい成果もないままに、長年にわたって慈善による救済を受けていた。三つの教会の代表者たちが来ていて、その代表者たちは、すでにその家庭を訪問し、救済の期間を３年から10年に延長するという形で援助していた。ところが、そうした訪問員たちの誰一人としてその家の主人に会ったことがなく、また、彼に会うために手を尽くしたことすらないという事実が会議のなかでほどなく明らかになった。ある訪問員は、「その家の主人が、とにかくどうしようもない人だということは、ちゃんと分かっていたのです」と弁解した。ともかく、彼らのように熱意ある人々による友愛訪問の会議は、こういうときにこそ、行き詰まり状態から抜け出すのに最も役立つ。実際に、会議の出席者たちはすぐに、その一家の主人が救いがたい男だということに納得し、自分たちの過ちについても多少なりとも認めた。繰り返しになるが、ここでも、接し方というものがもつ影響力について言及しておきたい。この事例でも、救済にかかわる訪問員たちは、一家の主人に説教こそすれ、彼自身について思いをめぐらすことなどしなかった。訪問員たちの行為全体から、その一家の主人は、自分が家庭をおろそかにしていることはたいしたことではない、と受け取ってしまったにちがいない。

　貧しい人々の家庭生活上の細々としたことに触れるにあたって、はじめに一家の主人、または一家の主人となるべき者について考察しようと思う。なぜならば、一家の主人というものが、チャリティワーカーたちから顧みられないことがあまりにも多いためである。とりわけ教会のワーカーたちがそうである。ボサンクエット夫人は、次のように書いている。

「先日、ある教会のワーカーが、自分の大きな悩みの種である、幼い子どものいる家庭の件で私に会いに来た。そのワーカーは数か月にわたってその家庭を訪問しており、妻は正直者で、真面目で、きれい好きだということは分かっていた。しかしそのワーカーも、ご多分にもれず、その夫のことなど何も知らないのだった。ワーカーは、その家族が気の毒なくらいに貧しいので、早急に救済されるべきだと、私に繰り返し訴えた。そこで我々はすぐに、実際の経済状況を確かめることにした。その結果、夫には35シリング〔アメリカ東部13州で用いられた硬貨の単位〕の稼ぎがあるのだが、20シリングを妻に渡すと、15シリングは自分の小遣いにしていたことがわかった。ここで慈善活動が介入したところで、妻と子どもの状況が好転するはずなどないことは目に見えている。ただたんに、夫が自分の稼ぎから小遣いに回す額を増やしてしまうだけだろう」（●原注1）。

とはいえ、チャリティワーカーが一家の主人に関心を払わずにいても、抜け目のない人間はどこにでもいる。何をおいてもその一家の主人は有権者であり、区の役人、警官、酒場の主人たちはこの事実を常に意識している。

慈善の申請者である有権者に対して警官が抱く関心というものがよく表れている例を挙げるとするならば、警察が場所を問わず、施し物を分配することが許可されていることがあるだろう。ボルチモアの警察は、一般市民からの委託で救済物資を配布することが認められており、厳しい寒さのなかにいる貧しい人々を救うことに貢献するというやり方で、大衆の歓心を買うのが慣習になっている。ある警官は、ならず者や犯罪者の多い、非常に面倒な地区を担当していたのだが、ならず者たちの家族を救済すると、彼らが自分の

原注
1：『富と貧困（Rich and Poor）』p.211

手をそれほど焼かせることがなくなるので、警察による救済活動のおかげで自分の業務がやりやすくなった、と話した。1893年から1894年にかけての大変な時期〔1893年に起きた大恐慌をさす〕には、全国で、政治団体が競って救援物資を分配したという事実は興味深い。タマニー・ホール（Tammany Hall）〔民主党の政治団体タマニー協会の会館〕の指導者たちは狡猾で、支持者たちに、ニューヨークのすべての地区における救済の分配を組織化すると訴えかけた。

　我々の大都市における政治の腐敗ぶりは目を覆うばかりだが、もとをたどれば、貧しい人も我々と同じなのだという単純な事実に思い至ることになる。つまり、貧しい人もまた、自分を個人として認識し、自分も個人として知っている指導者を支持するのである。一家の主人は買収される有権者になることもある。しかし、それよりもむしろ、自分の頼みを聞き入れてくれたり、厄介事を引き受けてくれたり、自分に対して社会的に見て好ましい態度をとる人間を何の疑いもなく支持する、世間知らずの有権者にすぎないことのほうが多い。そして彼とその子どもたちは、荒廃した路上、不衛生な住居、過剰な生徒数を抱える学校、劣悪な上下水道供給、金品を要求する役人、その他、貧しい人々に、ことのほか窮する事態を押しつけてくる市政のあらゆる不当な扱いといったものから不利益を被っている。市政改革における論点はまた、家庭における貧しい人々の健康状態を改善するためのあらゆる取組みとも、切り離しがたく結びついており、チャリティワーカーたる者、この結びつきを見落とすことは許されない。E・L・ゴッドキン（E. L. Godkin）氏〔アメリカ人ジャーナリスト〕は、『近代民主主義の課題（Problems of Modern Democracy）』のなかで次のように述べている。

> 　都市の諸課題に取り組む試みのなかで、宗教的かつ博愛主義的な人々が、市政と、自分たちが最も気にかけているさまざまな害悪との緊密な結

びつきを顧みていないことほど不可解なことはあるまい。どの教会も多かれ少なかれ貧しい人々の道徳面にかかわることで手いっぱいである。慈善連盟は貧しい人々の物質面を改善するために毎年、膨大な金額を投じている。2年前には、プロテスタントの聖職者たちがこの街に集まった。それは、労働者階級の宗教的な関心を再興し、彼らのなかから多くの者が日曜日に教会へ来ることを勧めるための最適な方法について協議するためであった。当然のことながら、その結果として、彼らが礼拝参列者数の増加をみることはなかった。プロテスタント教会は、カトリック教会のように、いかなる敬虔な霊的効力についても、そのまま物理的な宗教礼拝に帰することはしない。プロテスタントの牧師たちが民衆に教会へ行くように言うのは、人々が耳という身体的な器官から聴く言葉が、彼らの内的な精神へと移されて、結果的に幸せな生活がもたらされるかもしれないと期待しているためである。そうしたことから、先の会議の討論での特筆すべき点は、この街の貧しい人々や世間知らずの外国籍住民たちに影響を与えている宗教との競合において、この街の政治が、首尾良く勝利を収めていることについてまったく言及されなかったことである。若干の事情の違いを考慮する必要はあるものの、慈善協会についても同様のことがいえる。移民としてこの国にやって来て、ニューヨークに住むことになった人々がもつ、アメリカ流の善悪についての考え方に対する影響力は、市政のほうが、街なかの伝道師、学校、伝道教会よりも10倍以上も強いという厳然たる事実にそれとなく触れた程度の談話や報告書など誰の役にも立たない。しかもこれは、ほんの一例にすぎないのだ。聖職者や博愛主義者たちによる、貧しい人々や処世術を知らない移民に対する道徳面での影響に関しては、政治家たちから圧倒的に引き離されているというのが真実に限りなく近いのではないかと、私は思う(●原注2)。

貧しい男性と友愛的な関係を築こうとする場合に指摘されていることとして、共通の話題が非常に乏しいことが挙げられる。そうはいっても、裕福な人と貧しい人との共通の話題は、少なくとも一つくらいはあるだろう。それに、彼らが共有できる悩みごとならたくさんあるではないか。共通の悩みは、友愛的な関係を築くために、他のどのような話題よりも格好のきっかけとなる。それに非常に貧しい人でも、新聞くらいは読んでいる。

　区の政治家、酒場の主人、警官のほかにも、一家の主人に関心をもつ者はいる。一家の主人が怪我をしたり、彼の所有物が破損したりすれば、三文弁護士が、不当に高額な示談金の半額を得るために、支払いを正当に要求できるはずの貧しい人に対して、訴訟を持ち掛けようと待ち構えている。一家の主人が貯蓄をすれば、代理店が彼に知識がないことにつけ込むべく、まったく信用ならない財形計画を立てて待ち受けている。一家の主人が借金をすれば、法外な利子をつけて借金を負わせようとする動産抵当〔個人の身の回りのものを買うためのローン〕の高利貸しがいる。一家の主人が買い物をしようとすれば、彼が買える以上の品物を勧める分割払い業者が、商品に二重価格をつけようと狙っている〔「二重価格」は、虚偽に設定された「通常価格」と「値引き価格」を見せて、顧客に買い得だとけしかける商法〕。産業全体が、一家の主人が隙だらけであることにつけ入られるように作り上げられており、そうした人々によって、貧しい人が昔ながらのやり方に則ったり、あるいはそうした古いやり方から抜け出したりするための、あらゆる努力は阻止される。貧しい人の目から見た世界を理解しようと粘り強く取り組み、そのうえでなお、彼に真実を告げる勇気をもちあわせた友人を必要としている者がいるとすれば、それはいうまでもなく、一家の主人である。

原注
2：p.141以降

しかしこのような構図は、貧しい人を政治家以外には友人がいない存在として描く、歪曲したものにもなりかねない。彼の近隣の人々や友人たちは、前述のような悪質な人々から彼を守れる立場にはない。けれども、彼らのお互いを思いやる気持ちはまったく純粋なものである。隣人たちの根気と辛抱強さは、土地を貸してやりくりする小規模の地主にも匹敵するほど素晴らしい。貧しい近隣の商売人は、大きな負債のある者でもある。ある家族が教会や慈善に初めて救済を申請するとき、彼らはそれ以前に、長期にわたって近隣や小商いをする人々から寛容に支えられていたということがよくある。このような方法でなされる施しは、ときとして、非常にすぐれており、何にもまして思慮深い。ボストンのあるワーカーは、次のような話をしてくれた。それは路面電車の車掌の話で、彼は冬のあいだ、同僚たちに支えられただけでなく、交代制の長時間勤務が終わった夜には、心から労われていたというものだった。このように垣間見られる事象は、私たちが当たり前と考えている慈善的なものの見方がいかに奇妙であるかを示している。つまり我々の目には、扇子に描かれた絵のように、中央に教会の尖塔が、そして教会の前庭には威圧的に大きく描かれた教会の参列者が映る。一方、慈善の対象である貧しく、か弱い人々は、隅で小さく身をすくめている。我々から見ると、こうした人々は非常に困窮し孤独で救いを必要としている。我々がそのことに気づいて理解しようとしない限り、つまるところ現実というのは、それぞれの生活にはそれぞれの事情があるということなのだ、という解釈に留まることになる。実を結ばない活動のすべては、我々の想像力に起因している。

　貧しい人が深く考えずに施しを受けたいという誘惑に駆られるのは、我々がそうであるのと同様に、望ましくない。クレア・デ・グラフェンレイド（Clare de Graffenreid）女史〔アメリカの歴史学者、女性人権活動家、作家〕は、『近代的慈善に向けた労働者のあり方（The Attitude of Workingmen toward

Modern Charity)』のなかで、次のように述べている。

「見境なく与えることが明らかに分かる事例は、私が見る限り、炭鉱地区での大規模なストライキ後に表出化した。それは、両腕を失ったひとりの男がジョージ河谷で物乞いをしたころのことである。彼が価値ある存在なのだとしても、彼が障害者になったということ自体が重要な存在ではないことを物語っていた。なぜなら、彼が鉱夫であったことすら、今では知りようもないからである。しかし彼は、発掘場のあらゆるところで物乞いをしていた。その時点での鉱夫たちといえば、4月分の給与が支払われた後に解雇されたため、わずかばかりの金も底をついていた。5月7日から7月1日までストライキを続けたというのに、その後の雇用の保障が得られなかった人たちもいた。2か月以上にわたって失業していた鉱夫たちは、自分が頼みとするところの貯蓄を使うか借金漬けになるか、あるいはその両方になるかという状態であった。彼らは7月には働いたが、8月にその分の給与が支払われるまでは一銭も期待できなかった。7月の終わりに、その両腕のない、見慣れぬ男がやってきた。彼が親切な炭鉱労働者たち一人ひとりにせがんだところ、労働者たちはろくに確かめもせずに、次の給料日に賃金から差し引かれる金額を思い思いに小切手に書き込んだ。その男は、ある鉱山会社1社だけで300ドル分もの為替手形を給与支払い係に手渡した。そこの現場監督は、この1人の物乞いがその河谷に滞在したわずかな期間にゆうに1,000ドル、ひょっとするともっと稼いだろうと思った。事業としての物乞いをしたこの男は、そのようにして集めた金を現金化して回収するために居座って手間取らせることもなかった。彼は、寄付された総額の小切手にシカゴの住所を書き添えて各鉱山に送り、別の現場で「働く」ために去って行った」（●原注3）。

これらの事実は密接に関係している。貧しい人は、自分にまつわる状況に関するあらゆる情報、瞬時に同情を誘うこと、非利己的な行動をとることをとおして、非常にすぐれた慈善的なはたらきができる。一方で、公的な福祉に対する考えやその人物の個人的な体験以外の諸条件によって事態が複雑化することを考え合わせると、貧しい人による慈善は、ときに無謀で有害なものとなる。

　次に述べるのは、これとは別に思い起こされる事実である。それは、自然発生的で健全な関係を無視した慈善によって、貧しい人々の近隣の結びつきと支え合いが弱体化するということである。裕福な近隣や、施し物を気前よく与える近隣に住む貧しい人々は、互いの思いやりに欠ける。そして、親切ではあるが恩着せがましくもある態度で接する人々の見境のない施し物によって、彼らに近隣の生活という日常的な現実を見失わせ、近隣の品位は下がり、不信と嫉妬が近隣の助け合いに取って代わることとなる。貧しい人々にとって望ましいのは、自分たちのわずかな蓄えから、もっと貧しい人々に分け与えることである、ということを気の毒に思う人もいるかもしれない。こうした人々は、富める者が貧しい人々の重荷を軽減すべきだと感じている。しかし、友人や近隣の人々に相談もなく手を差し伸べることには、道徳面の堕落がともなう。我々の善意に基づいてはいるものの、その実、何の考えもない介入によって、近隣の自然な結びつきが弱体化すると、貧しい近隣はより貧しく、また、さもしくなるように運命づけられている。

　労働者としての一家の主人に立ち戻ると、現在、一般の人々のもっぱらの耳目の的となっている、重要な論点に行き当たる。それは、労働者の組織、

原注
3：「チャリティーズ・レコード（Charities Record）」『ボルチモア誌（Baltimore）』Vol. 1、No.6

ストライキ、労働争議による工場閉鎖、資本に関する諸権利、失業者や非熟練労働者の問題である。こうした問題の真相は、たとえある人が折良く彼らの現状を知っていたとしても、新聞の論説や事件として明らかにされることはない。人々が直接的に関心を示すのは、不運な労働者階級の家庭の友愛訪問員に対してであり、雇用問題はそうした文献のなかで言及されるにすぎない。しかしながら訪問員は、貧しい人々を理解し、考えをめぐらせることによって、彼らのより良い友人になりうる。慈善活動に従事する人々は経済に関する問題から、一部には難しいからという理由で、また一部には我々のもつ偏見のせいで、目を背けている。

　我々は、あらゆる慈善活動の対象についても自問することを恐れてはならない。ボサンクエット夫人は次のように述べている。

「私たちは、貧困を改善し、それらを根絶したいと切に<u>望ん</u>でいなければならない。もし私たちが心から、純粋な意欲をもってこの状態を終息させるべく働かなければ、私たちの努力の結果は満足できるものにはならないだろう。しかし、こうした意欲をありのままに共有する人々は、今の段階では、かなり少ない。つい先日、私は、貧困の改善を眼目とした極めていかがわしい政策を耳にした。それは、貧困がなくなると富裕層が慈善という特権を行使する対象者がいなくなってしまう、というものである。このことは、いまだに優勢な感情、つまり、ある階級がもう一方の階級に対して社会的に依存するなかで宿命づけられた、当然ともいえるような感情の率直な現れなのだろう、と私は思う。また、もし労働者階級が自立しすぎると、そのことによって富裕階級が不利益を被るのではないかという不安も根強い。ある聡明な女性が『あの人たちを過剰に自立させるなんて、そんなことはさせません。あの人たちは労働組合に加入しているじゃないで

すか。実際に、私の友人は自分が雇っている人たちが労働組合に加入してしまったので、大変な経済的損失を被ったのですよ』と話したことがあった。これは『クオータリー・レビュー（Quarterly Review）』の長年の読者によく見受けられる傾向である。読者たちは近頃の、協同組合という形態のオウエン主義〔オウエン（Robert Owen）は、18〜19世紀の英国の社会改革家〕に対する異議として、『労働者階級が自立しすぎると非労働者階級が彼らを十分に支配することができなくなるのではないか、結果的には自分たちも労働する義務を負わされるのではないかという恐れ』と総括している（●原注4）。

友愛訪問員の能力のなかで最も重要なのは、自分の偏見や利己的な恩恵は顧みずに、労働者の最善の利益を鑑みて、雇用に関するあらゆる議論を直視することである。そうした問題は非常に複雑であることが多い。1896年に全国の慈善組織協会に送付された調書は、これらの協会が、従業員のストライキに労働者たちが参加することについてワーカーが応じることを承認するかをたずねたものであった。その回収結果は、第23回全国慈善会議の議事録に報告されている（●原注5）。それによれば、あらゆるストライキは等しく正当であり、かつ等しく不当でもあるとみなされる。もちろん実際には、完全に正当なストライキもあれば、正反対のものもあって、そのほかにも、ある段階では正当だが、闘争の焦点が移行して別の段階に入ると不当になってしまうものもある。

このように非常に込み入った関係になっているので、我々が関与する場合

原注
4：『富と貧困』p.138以降
5：p.242以降

には、慈善協会が彼らに関して特別な解決策を何も持ち合わせていないことを肝に銘じておかなければならない。彼らが産業問題を解決しようとするならば、自らの役割を担うのに値する、果敢さや知性が求められる。友愛訪問員は、目下の労働の機会といえばストライキに参加することしかない、失業中の労働者から助言を求められることがあるかもしれない。彼の家族は汲々としており、彼らの困窮状態を手っ取り早く解決するために仕事を与えようとしている訪問員に、彼らの苦難が重くのしかかることもあるだろう。しかし訪問員の家庭に対する務めは、彼らの物質的なニーズを満たすことでは終わらない。そして、ストライキの参加者となった一家の主人が、ストライキは失敗してしかるべきであることをしっかりと理解していなければ、彼は自分の味方を裏切るという卑劣な行為をすることになる。個人の契約上の権利に関するあらゆる問題を別にすれば、彼は痛手を負った、卑屈で価値の低い一家の主人となる。慈善が、いかに一時的かつ物質的な便益によって生じうる結末だったとしても、それに対して無関心であってはならない。友愛訪問員が特定のストライキは不当なものだと確信しているだけでは十分ではない。一家の主人こそが、それを理解していなければならないのである。

　他のことについても同様である。ある男性がうまく商売を回すことができて安定していたとしても、その業界には倫理綱領がある。したがって訪問員が、労働組合に加入していない者に、組合に加入するように助言することは正当化されるし、そうしたからといって訪問員が労働組合の各項目を是認していることにはならない、といえる。

　しかし、慈善の申請者は熟練工だけではない。友愛訪問員は、多くの場合、職業として確立していない仕事に従事する人々や、担ぎ人夫、日雇い労働者、港湾労働者といった人々とともに働いている。権利に関する主張は多いが、それとは反対に、通常、やる気と技術のある者にはどこかしらに仕事がある。

チャリティワーカーは、仕事のない熟練した大勢の労働者の荒っぽい口調に失望とまではいわなくとも、やる気をくじかれはする。不況の時でさえ、失業者数はことさらに誇張されるものなのである（●原注6）。

　我々が実際に頭を痛めるのは、失業状態にあるために慈善の給付を受けている大多数の者が、悪習慣、気難しい性質、推薦状がないこと、英語が不自由なこと、あるいは身体に障害があることによって、雇用の条件を満たしていないか適していないということである。彼らのうちの一定数は、我々が以下の3点に注意を払えば労働市場に復帰させられることが経験上、分かっている。それは、（1）働かないでいる生活が心地良くなりすぎないようにすること、（2）我々一人ひとりが彼らに適した種類の仕事を割り当てるように努めること、（3）彼らが自分に合った仕事を見つけ、それを続けることができるように支援すること、である。「人の特性を大理石のように切り分けることはできない。それは固定的でもなければ、不変的でもない。人の特性はいきいきとした変動性をもち、我々の身体がそうなるように、病んでしまうこともあるのだ」（●原注7）。我々の身体と同じように、人の特性もまた適切な処置によって治るのである。

　悪癖、あるいはそれとは異なる欠点があるわけではなく、たんに能力の不十分な人々は、自分の親の貧困や強欲の犠牲者であることが多い。彼らは非常に幼いときから、教育や昇進の機会もないような職場で働かされている。たいへん粗野で怠惰な者についても、その非は親または彼らにきちんと訓練を受けさせることを拒んできた、経済的な諸条件にある。これに関するあらゆる事情については、子どもとのやりとりのなかで耳にすることがあるが、

原注
6：ワーナー（Werner）『アメリカン・チャリティーズ（American Charities）』p.177以降参照
7：ジョージ・エリオット『ダニエル・デロンダ（Daniel Deronda）』

我々がここで考察しているのは一家の主人のことである。どうすればよいのか途方に暮れている一家の主人は、産業界では、粗雑に扱われている。肉体以外に何も必要としないような仕事で雇用されている場合は、その人の代わりは容易に見つかるので、すぐに解雇されて、職を転々とすることになる。さらに、1年のうち、ある季節に特定の労働から異なる種類の仕事にうまく適応できなかったり、すんなりと移行できなかったりすると、ほぼ確実に失業状態に陥る。

オクタヴィア・ヒル女史は、『ロンドンの貧困家庭（Homes of the London Poor）』のなかでこのことを指摘している（●原注8）。

> 仕事が不安定であることは、小作料を納めることが非常に苦しい小作人を数多く生み出すことにつながる。私は次の二つの方法で彼らを支援しようとしてきた。第1の方法は、彼らに貯金を勧めることである。彼らは堅実に蓄えているにもかかわらず、秋が来るたびに、わずかな積立金しかないことがわかった。この方法は、彼らの家族が地方にいる場合には難しい。さらに私ができることとして、不況期には、彼らを雇い入れた。私は、彼らが困窮しているときにできそうな、あらゆる種類の仕事を十分に考慮して取り置くようにしていた。また、不定期の、多かれ少なかれ危険が伴う仕事——その危険度は貧しい人々の粗忽さによって、いや増すのだが——に従事している人々のあいだで公平性が保たれるように努めた。将来について考えるという彼らの力は驚くほど乏しく、芳しい結果が得られるまで3か月を要した。

原注
8：p.22以降

我々の仕事から余剰分を閑期のために取っておいて均一化するというこの計画は、支援の方法の一つである。そのほかに、特定の季節に限定して、非熟練の仕事が重複しない一覧表を作るというやり方がある。冬場の仕事もあれば夏向きの仕事もあるのは、自然からの影響を受けるためである。ボルチモアの製氷会社では、石炭産業と製氷産業を組み合わせて、冬季の労働者を雇用している。この方針に則って、仕事が重複しない地域ごとの一覧表は作成される。労働条件が地方によって異なるため、ここでは一覧表を提示しない。

　我々が自分たちの仕事を与える際には、雇い主であることと友人であることとを混同しないように注意しなければならない。ボストンの慈善連盟の事務局長であるスミス（Z. D. Smith）女史は次のように書いている。

「ある訪問員は、たくさん働く必要のある女性に関心を払っていたため、その女性を雇うことにした。その女性は、午前中に支部へ出向かなければならなかったのだが、8時に来るべきところを10時に顔を出すといったことが何度かあった。また訪問員が彼女を早く帰らせることもあったのだが、それでも彼女には1日分の賃金が支払われていた。この訪問員は、それが慣わしになっているにしても、その女性に時給で支払うのは長期的に見れば賢明ではないという忠告を受けた。しかしその訪問員は、女性の近隣の人々が、彼女には仕事をさせているだけでなく、彼女が朝8時に出勤すべきところを10時に出て来ているにもかかわらず、1日分の賃金をもらっていると不満をもらし、彼女をそれ以上雇用することができなくなってしまうまで、しっかりと自覚できなかった。賃金の支払いという形式を装って訪問員が提供する救済は、その女性が自立するのを支援しようという訪問員の努力をくじいてしまったのである」（●原注9）。

失業が原因となっている多くの悪習慣については、次章で考察する。不況によって自分の仕事を失った男性に関していえば、機嫌の悪さの程度も異なる。そうした不機嫌さは不安や身体的な疾病によるもので、生来の気むずかしさとは注意深く切り離すことが求められる。身元照会先がないこともまた、失業の原因となるが、それが不十分な経歴を意味するとは限らない。非熟練労働者は自分の雇用主に一個人として認識されていないことが多く、訪問員が労働者を試用することをとおして得られる情報は、その人にとって大いに役立つものとなるだろう。吃音障害や腕が不自由であることといったような身体面の障害がある場合に、彼の障害からくる偏見を克服することができるのは、1人の人間としての彼に関心を払っている人物だけである。そうした人々が推薦されるに値する性質を備えていることはめずらしいことではない。彼らは、自分のことをはっきりと主張したり、自分にとってふさわしい居場所を見つけたりすることが得意ではないだけなのだ。

　以下は、第28回ロンドン慈善組織協会報告書から引用した、仕事を探す際の時機を得た支援を示す事例である（●原注10）。

> 　彼は口数の少ない実直な若者で、庭師をしていた。彼は、先ごろ精神病院から退院したばかりで、彼の精神面の障害は痛みの伴う手術を要した耳の病気に起因していた。彼が数か月間の入院を経て退院したところ、正規雇用を解かれていた。委員会は、その事例を綿密に調査し、その若者が危害をおよぼさないことを明らかにしたうえで、造園業者や苗木屋に向けて回報を発送した。その結果、彼は1週間のうちに仕事を得ることができた。

原注
9：『チャリティーズ・レビュー（Charities Review）』Vol. II、p.54
10：p.11

それとは別の男性は大柄の頑強な人物で、診療所で明らかになったのだが、片脚を失う事故に遭うまで、人生のほとんどを船員として過ごし、その一部にはアメリカ合衆国軍艦の甲板上での経験も含まれていた。以上のような事情で彼は陸に上がらなければならなくなったのだが、落ち着きがなく、あちらからこちらへと渡り歩く傾向があり、国中を転々とする放浪者となってしまった。やがて彼が、ロンドンの警察長官の目の前で自殺を図るという出来事が起きた。推薦状には、その男性が重労働もできること、そして奇妙に聞こえるかもしれないが、身丈６フィート〔約180㎝〕以上もある彼が、刺繍などの針仕事を器用にこなす、とあった。彼には診療所を出た後の住居がなかったので、委員会は彼を公共の宿泊所に数日間、滞在させた。たいへんな幸運にめぐまれて、彼はテントと帆布の製造会社の仕事を得ることができた。半年が経った現在では、彼は６日間の労働に対して３シリングを稼いでいる。特記しておきたいのは、２人の男性はともに健常な身体ではなかったということである。協会が、身体が通常の状態にある者、身体に障害のない者のためには仕事を探すことはない。

英語が分からないこともまた、失業を引き起こす別の要因である。しかし、これは取り除くことができないわけではない。

何日もかけて調査したところ、英語がまったく使えなかったせいで失業し、絶望的な状態におかれていたＨ氏とその息子に仕事が見つかった。訪問員の熱心な願い出によって、家具の買い付け人が彼らを試用することに同意した。そして、彼らは申し分ないことを示してみせて、雇用されてから現在で１年が経つ。さらに、昇給もしている（●原注11）。

注意すべきことがいくつかある。それは、他の国々からやって来た、働く場所のない者にとって大都市の慈善は魅力的に映る、ということである。アメリカの移民に関する法律によって、この国は、自分の国に居場所のない多くの移民を外国から受け入れている。そうして、慈善は、移民がアメリカの貧しい人々の生活水準を引き下げていることを知りながら、さらには、ことあるごとに問題を途方もなく複雑にしながらも、彼らを生き長らえさせている。しかしながら、地方から都市へ移動する、国内の出稼ぎ労働者や季節労働者に関していえば、慈善はもっと支援してしかるべきだと思われる。我々の権限には、ある地域に居住していない男性が自力で移住できない場合に、慈善活動の支援で移住するのを却下することが含まれている。また、ワーカーは、男性が不平を言わない場所に落ち着かせて仕事を探す、といった間違いをよく犯す。大都市の魅力は、そうした人為的な支援をわざわざ付け加えなくとも素晴らしい点にある。むしろ我々は、本当にふさわしいといえる仕事がない家族は地方へ送り返すということに力を注がなければならない。地方紙に掲載される広告は、彼らが家族で移り住む場所を探すということで地方の人々の関心を引きつけている。そうするというのであれば、家族がそこで確実に定住できるように、手紙や不定期の訪問によって、継続してかかわることを忘れてはならない（●原注12）。

　もう一つ、注意点がある。それは、誰かが自分のことを気にかけ、自分のために仕事を見つけたいと考えていることを、その人自身が理解していることが役立つ、ということである。しかしながら、その人に、自分はのんびりと座っていればよく、職探しや気がかりなことは自分の友人である訪問員に

原注
11：『第13回ボストン慈善協会報告書（Thirteenth Report of Boston Associated Charities）』p.42
12：『チャリティーズ・レビュー』Vol. Ⅵ、p.402以降参照

任せておいて構わないと思わせることになれば、彼自身の力を削ぐことになる。「男性が仕事を探しに行くように送り出し、特定の場所へは、彼に同行する。しかし、彼のために仕事を探して東奔西走してはならない」のだ。彼の資源を活用し、彼のあらゆる努力に関心を示し、気分を一新して努力するように励まさなければならない。

　一家の主人に関心が向けられている場合には、男性と仕事をしている男性だけが訪問員としてうまくやれるといわれている。とくに雇用問題に関しては、女性の訪問員は十分な助言ができないともいわれている。そのような仕事は慈善委員会のサービスを彼らが満足するだけ与えることと比べると、いくつかの貧しい家族を個別に理解するという課題を伴うものの、男性のほうがうまくやれることは、疑う余地のない事実である。このことは委員会にとっても慈善の受給者である男性にとっても、望ましい。そうはいっても、女性の訪問員が落胆することはない。本書にも登場しているように、弁護士のついている女性、公衆衛生技士、腕のよい料理人、幼稚園の教諭、財政を専門とする者である場合には、女性のほうがすぐれた仕事ができることもまた事実である。法律上の問題が発生した場合には、彼女は弁護士の友人をたずねていくことができる。子どもが揉め事に巻き込まれたら、彼女は教師や児童保護協会の職員と面談できる。同様に、雇用問題が生じたものの、訪問員である女性の経験が浅ければ、彼女は実業家や自分に助言のできる人物のところへ行くだろう。貧しい男性は「お情け深い女たち」といった見方のように、屈折した感情を抱いていることが多い。これには、それなりの理由がある。しかし、日曜日に厄介事を引き受けたり、男性たちと知り合いになったり、彼らがときおり女性訪問員の家を訪ねる機会を設けたり、さらには自分には喫緊の事態が生じた場合のための資源や常識が備わっていることを示すことができれば、そうした先入観を克服し、その家族の一人ひとりと友人

になることができるだろう。

副読本
ジェイムズ・B・レイノルズ (James B. Reynolds)「セツルメントと市政改革 (The Settlement and Municipal Reform)」『第23回全国慈善会議議事録 (Proceedings of Twenty-third National Conference of Charities)』p.138以降。ジョン・D・フラニガン (John D. Flannigan)「労働組合の慈善的要素 (Benevolent Features of Trades-Unions)」前掲書、p.154以降。ジェーン・アダムズ「市政腐敗の倫理的基盤 (The Ethical Basis of Municipal Corruption)」『インターナショナル・ジャーナル・オブ・エシックス (International Journal of Ethics)』1989年4月。ウォルター・A・ワイコフ (Walter A. Wyckoff)『労働者たち (The Workers)』。ワシントン・グラッデン (Washington Gladden)『働く人々とその雇用者 (Working People and their Employers)』。ホブソン (Hobson)『失業者にかかる問題 (Problem of the Unemployed)』。ジェフェリー・ドラッグ (Geoffrey Drage)『失業者 (The Unemployed)』。ウィリアム・T・エリジン (William T. Elsing)「コーベイの幸運 (Korbey's Fortune)」『スクリブナーズ (Scribner's)』Vol. XVI、p.590以降。

第3章
家庭における一家の主人

ここまで、労働者であり、隣人であり、市民でもある一家の主人についてみてきた。ここからは、夫や父としての彼らに目を向けようと思う。家庭は社会の基礎となる単位であるだけでなく、慈善の対象となる単位でもあり、我々が家族全体にかかわっていないとしても、その断片を取り扱っている。しかし多くの慈善活動は、いまだに分断されたものにとどまっている。例えば、ある貧困家庭の誰かが、多様な形態をとる慈善活動を代表する、その担い手たちと接点をもつことは珍しくないが、家庭を全体のこととして考える担い手はいない。日曜学校の教師、幼稚園の教諭、保育所長、フレッシュ・エア慈善団体の職員、地区の保健師、助産師、教会の奉仕係、街の宣教師、救済担当者、婦人会会長、商業組合の指導者、ボーイスカウトやガールスカウトの責任者たち、これらの人々はみな、家族と何らかの接点をもっている。しかしながら、彼らは家庭生活の全体像を把握しようとはしないし、自分たちの慈善が家族にもたらす影響について考えたりはしないだろう。慈善の担い手たちは、ときに、基本的には家族が負うべき家庭の責任という重要な責務を引き受けることがある。それは家族を一つにまとめることに役立つ。しかし彼らのうち誰一人として、失敗から学んだり誤りを正したりできるほどまでに継続的に、あるいは一貫して働いている者はいない。

　家庭の責任について触れてきたが、それがどのようなものなのかについて、ここで考えてみたい。家庭の責任という言葉には、時代遅れで保守的な響きが含まれている。けれども、生活の基本的な実情とはそういうものなのだ。男性は今でもなお一般的には家族の長であり、長として、他の家族員の最低限の生活を守るために最善を尽くす責任を負う。家庭での妻の役割は、与えられた収入のなかでやりくりすることである。子どもたちの役割は、素直でいることや親の言うことに従うことであり、さらには自分の長所を伸ばし、両親の老後のために生活必需品や家庭環境を整えることである。これら

はありきたりだが、家庭生活に不可欠な要素である。結婚式を挙げて、夫婦であることが周囲から正式に認められれば、見せかけの家庭になったり、犯罪や社会的な逸脱を生み出す温床となったりすることはない。

　貧しい人々を訪問する人たちの訴えに応えようとすると、そうした活動の励みとなることよりも、残念ながら、困難となることについて話さなければならない。貧困家庭には、家庭生活に不可欠な要素がすべてそろっていることが少なくない。一部屋でつつましやかな生活を営みつつも、一家の稼ぎ手は家族のために力の限り奮闘し、その妻は小さいながらも安らげる家庭を築こうとしている。子どもたちは、人と仲良くすること、秩序を守ることについて、何気ないことから学びとって成長する。我々を苦しめる病気、産業の不況、事故、そのほか家庭の外部からくる不幸な出来事にもかかわらず、長期にわたって慈善を必要とせずに家庭が良好な状態にあるとすれば、うまくいく救済の本質はそこにある。というのも、家族の生活は、訪問員とともに取り組むことで、健康と自立を取り戻すことができるからである。

　今日は満腹を、明日には空腹をおぼえさせるような軽率な施し屋による気まぐれで恩着せがましい慈善から、そうした家庭を守ることで得られる達成感は大きい。それらの家庭と、困難に打ち勝つために協力することは大きな喜びである。しかしながら、もっと深い喜びをもたらすのは、だらしなく、無責任な母親に、家庭が清潔であることや整理整頓された家庭は快適であることを教えることや、妻や子どもたちに対する責任を放棄した父親にそれを取り戻すように支援することをとおして、見せかけの家庭を本物の家庭へと変えることである。そういうわけで、ひどく陰鬱な印象を与えてしまうかもしれないが、この章では怠惰な、あるいは酒飲みの、もしくはその両方の夫や父親を取り上げる。

　既婚の放浪癖のある者は、一般的には冒険心がそれほどないとはいって

も、独身の放浪癖のある人や浮浪者の特徴の多くを備えている。放浪癖のある人たちを特徴づけているのは、政治や産業、慈善を取り巻く状況であり、それは我々の大都市に特有の類型である。彼が自分の過ちに対して無責任だとすれば、我々も自らの過ちに無責任だということになる。ひとたび我々のこうしたものの見方を不変のものとして受け入れてみると、我々のなかに健全な者などいない、ということになる。既婚の放浪癖のある人を責任能力のない者とみなして接することは、彼の無責任を助長させるだけである。

ボサンクエット夫人は次のように述べている。

> 私の知るある男性は、数年間ほとんど仕事をしておらず、妻が妊娠するたびに放浪癖にかき立てられて、妻の生活を救済に任せて出ていってしまう。そして、妻が再び働けるようになると戻ってくる。食べ物を恵んでもらうためにお腹を空かせた自分の子どもたちを隣人のところへ行かせて、自分の腹を満たす父親たちもいる。また、自分の子どもたちを通りで立ち止まらせて、彼らの靴を酒の質草にするために取り上げるような者もいる。男性の家族に対する冷酷な態度は、手のつけようがない。しかし、責任感が消え失せてしまえば、その後に残るのは残忍性だけとなるだろう（●原注1）。

同書にはまた、以下のような記述もある。

> よくある事例を紹介しよう。悪いほうへと身を任せてきた、ある主人がいる。自分の仕事をおろそかにし、稼ぎは酒代につぎ込み、家族への気遣

原注
1：『富と貧困（Rich and Poor）』p.105

いは薄れる一方である。子どもたちは面倒を見てもらえず、飢えている。最終的には、どこかの慈善団体が足を踏み入れることになる。慈善団体の言い分は、「その男はどうしようもないのです」である。「彼から責任感を取り上げることには何の問題もありません。なぜなら彼は責任感というものをすっかり失くしているのですから。我々が干渉することで事態がさらに悪化するようなことはありません。父親の悪行のために子どもたちが苦しむことは許されません。ですので我々は、子どもたちに食事と衣服と教育に加え、彼らが自分の親たちよりもうまくやっていくための機会を与えるのです」。こうした家庭が一つしかないのだとしたら、いっこうにかまわないだろう。我々は幼い子どもたちを救う仕事に喜び勇んで駆けつければよい。しかし、両隣にも同じように堕落への安易な道を目の当たりにしている父親たちがいる。大部分の人々は、「はたして子どもたちはどうなってしまうのか」という思いから、踏みとどまっている。スミス氏が精一杯に努力することをあきらめたら、子どもたちが十分に面倒をみてもらえるようになった、という情報があたかも伝染病が通り一帯に蔓延するかのように急速に広まり、これを思いとどまらせる力は失われてしまうだろう（●原注２）。

既婚の放浪癖のある人がいる家族に対応する際に用いる方法は、状況によるものの、多くの場合は、慈善団体が彼に対して期待していることを理解してもらうことが必要となる。また慈善活動が、労働という形態以外のあらゆる援助を差し控えない限り、彼は何もしようとしないだろう。このことについて訪問員が話そうとしても、その家族を受け入れそうな救済となる資源を

原注
２：『富と貧困』p.72以降

懸命に探し出したうえで、各資源に救援を差し控えるように説得しておかなければ、うまくいかない。訪問員たちは、そうすることで妻や子どもたちが苦痛を強いられるのを恐れて、この極端かつ大胆な手段を取ることをためらいがちになる。しかし怠惰な男性の家族が苦しまなければならないのは、厳然たる事実であって、いかなる物質的な救済をもってしても、彼らの苦しみから守ることはできない。

この点について、別のところで私が書いたものを引用しようと思う。

　大都市に暮らす、結婚している放浪癖のある人の子どもたちが苦境から逃れる見込みについて検討しよう。彼らが生まれついた世界とはどのようなところなのか。父親は分別がないだけでなく母親を痛めつけている。清潔さといったものがおよそみられず、風通しが悪く、子どもたちにはまともな食事も保障されていない。文明化された世界のあらゆる経済的な法規は大混乱に陥っている。労働への対価としてではない、物資が奇跡的に手に入ることがあれば、まったく手に入らないこともある。さらに、親の不摂生からもたらされた直接的な結果として、子どもたちは身体に障害をもって生まれてくることがあり、アルコール依存の気質のあることがよくみられる。てんかんや精神疾患といった、その他の遺伝性の病気をもって生まれてくることも非常に多い。我々の大都市において、多くの施し物がこうした家庭と呼ばれるものを維持させ、最悪なことに、おびただしい数の救い難い家庭に毎年不幸な子どもたちが生まれているというのに、「子どもたちを苦しめてはならない」などと、どうして言えようか。もし私がこうした幼い子どもの一人で、慈善活動の担い手たちについて知ることができるとしたら、こう言ってやりたくなるだろう。「おじさんやおばさんたちは、お医者さんや看護師さん、石炭、それに病気の時には食べ物をわ

たしたちに与えてくれます。これは親切のつもりなのだと思うけれど、あなたたちがわたしに平等な機会を与える気なんて最初からない世界で、わたしは助けられているのです。お父さんがわたしのために働かないこと、お母さんにはわたしの世話をする時間がないこと、最近になって、食い扶持がまた一人増えたせいで、きょうだいが食べていくのがもっと大変になることくらい分かるでしょう。そのうえ、わたしは精神的にも全然強くないし、身体も丈夫じゃない。わたしのためにちゃんとしてくれないと言うのなら、悪いけど、みなさんはまったく役に立っていません。はっきり言って、わたしはあなたがたに感謝していません」（●原注3）。

　慈善活動にかかわる人々が非常に熱心で、一家の主人に、彼の肩にその家族の責任を負わせようとしていることに本気だと理解させることができると、一家の主人である男性が奮起して働きに出る、ということがよくある。彼は、何もしないで家族が飢えるにまかせるようなことはしない。実際に私はこれまで、放浪癖のある既婚男性の家庭から慈善が撤退することには、その家族の物理的な状況に急速な改善をもたらす効果があることを目にしてきた。そうしたときに一家の主人は、仕事を見つけるか、家を出ることになる。このような慈善の方法には勇気が求められる。しかしながら、あいまいなやり方が、いかにして惨めな状態を引き起こすのかを理解できれば、わずかな施し物をすることにも覚悟が求められることになるだろう。

　多くの州には、自分の家族を扶養しない男性を罰する法律がある。これらの法律が実際に適用されることはほとんどない。しかしニューイングランド地方〔アメリカ北東部〕のいくつかの州の法律には、法的な効力がある（●原注4）。

原注
3：『チャリティーズ・レビュー（Charities Review）』Vol. VI、p.121以降

慈善の提供を完全に絶つことをもってしても、男性に何らかの義務感を抱かせることができなかった場合は、訪問者は彼が法廷で罰せられるように試みるべきである。妻の証言がないために、有罪を確定するのが難しいこともよくある。そのような場合には、長期にわたってその家族に対して誠意をもって訪問してきた人物の証言が非常に貴重なものとなる。処罰を受けた放浪癖のある既婚男性が、それでもなお怠惰で無責任な場合には、訪問員は、幼い子どもたちや、まだ生まれていない子どもたちの最善の利益を阻害する男性を矯正したいという思いをあきらめるべきである。夫に対する妻の義務は非常に立派なのかもしれないが、妻の子どもたちに対する義務も同様なのである。あらゆる手段がうまくいかなくなったとき、その家庭は崩壊するだろう。

こうした男性と妻の別居を正当なものと考えるのは、慈善活動の経験が豊かな人たちだけだろう。ジョセフィン・ショウ・ローウェル夫人は、次のように記している。

> 私は、自分の家族を扶養しようとしない大酒飲みや不道徳な男性の家族に対して手を差し伸べることが、<u>間違っている</u>とか、とんでもない過ちであるとは、少しも考えていない。妻が夫の影響から自分の子どもたちを引き離さない限り、いかなる公的または私的な慈善団体や、慈善活動にかかわる個人にも、大酒飲みで不道徳な男女の家庭が存続することを助長する権利などないことが理解されなければならないのである(●原注5)。

原注
4：『第22回慈善・矯正全国会議ニューヘブン大会議事録（Proceeding of the Twenty-second National Conference of Charities and Correction, New Haven）』1895年、p.514以降参照
5：『公的救済と私的慈善（Public Relief and Private Charity）』p.105

いうまでもなく、夫婦の別居を支持することは最後の手段ではあるが、これは離婚を是認するものではない。それというのも、離婚とは、見せかけの家庭を増やすだけのことであるからである。「救いようのない嘆かわしい事実」である事例が、一定数存在することは知られている。そして、清廉潔白な人々が罪深い人々に悩まされることのないように、思い切った方法が取られる手順は整っている（●原注6）。

以下に示すボルチモアの事例にある、放浪癖のある既婚者の経過をたどることで、別居の必要性が理解されよう。数年前のことになるが、ボルチモアの慈善組織協会が、端正な顔立ちをした、あるドイツ人の靴職人とかかわることになった。彼は、質素で働き者の女性と結婚しており、彼女の方がいくつか年上だった。結婚してまもなく、彼は仕事をおろそかにするようになった。そして妻が彼を支えようとする努力に、ずぶずぶと甘えて、飲み癖をつけてしまった。出産のために妻が働けなくなるたびに、教会と慈善活動上の友人が援助した。6番目の子どもが1歳になったとき、彼はしばらくのあいだ、家庭を放ったらかしにしていた。そして紊乱（びんらん）行為によって拘置所で過ごした後、再び戻ってきた。慈善組織協会は、彼を改心させる見込みはないとして、妻に彼から離れることを勧めた。しかしドイツ人牧師が、どのような形であれ夫婦が別居することに対して強く反対したため、何もなされなかった。彼らの状況における望ましくないことの一つは、父親が子どもたちに、働き者の母親を欺くように教えたことだった。7番目の子どもが生まれたとき、慈善活動として正看護師と乳児用のリネン類、医師、燃料、食料が提供された。しかし夫が、慈善協会が支給した燃料を売り払って、酒盛りをして

原注

6：この件については、1887年にトロントで開催された『第24回慈善・矯正全国大会議事録（the Proceedings of the Twenty-fourth National Conference of Charities and Correction at Toronto）』p.5以降参照のこと

いたことが明らかになった。彼は腕の良い職人で、しらふのときはいつも働くことができた。しかし、職に就いていたときでさえ、彼は家族をまともに養っていなかった。ついに堪えかねた妻は、自ら抵抗する手段に打って出て、扶養義務不履行のかどで彼が逮捕されるように動いた。彼が裁判を待つあいだに、慈善組織協会は家族を転居させ、妻は3人の子どもたちと一緒にいられるような仕事を探し、1人は親族のところへ、あとの2人は一時的に施設へ預けた。釈放されたとき、彼には慈善の援助を引き寄せてくれる家族はいなかった。彼は、生まれて初めて自分以外に頼るものがなくなったのである。

　善良な人々の多くは、男性から家族の絆を奪うことは、その人の堕落を助長すると考えるかもしれない。しかし、男性が陥るさまざまな堕落のなかでも、妻に自分の面倒をみさせるだけではなく、妻と自分の子どもたちを虐待する以上の落ちぶれぶりはない。その男性の残忍性に含まれる悪影響といったものを撒き散らすことによって、厳しい罪という重荷を引き受けなければならないということから彼を救おうと、我々は、できるだけのことをするが、ときには、そのことすら不可能な場合がある。

　アルコール度数の高い酒に対して非常に厳しい考えをもっている慈善訪問員は多いし、酒場と関係があるものはすべて野蛮で堕落したものだと感じる慈善訪問員は多数にのぼる。彼らは男性の習慣を見極める際に、国や地域、そして家庭でのしきたりについて考えをめぐらせられていない。夕食時にビールを飲んだり、その家の男性が酒場に出入りしたりすることが目撃されたという理由で、その一家全体が「詐欺師」とみなされ非難されることがある。チャリティワーカーの見解が分かれる主題は、飲酒という悪癖にどのように対処するのが最善かという論点を措いて、おそらくほかにはないだろう。偏った考え方が許されるならばともかく、本書の他の箇所と同様に、友愛訪問員は、個人的な偏見や一足飛びの結論には十分に気をつけなければな

らない。「暗闇では猫はみな灰色で美しい」という古いことわざにあるように、酒をたしなむ人がすべて大酒飲みで、酒が販売されている場所は、どこも悪の巣窟だと考えるのは、妄信的な社会改革者にすぎない。酒場は今もなお、働く男性の社交場であり、その代わりを十分に果たすものが見つからない限り、我々がいくら非難したとしても失敗に終わるだろう。それでも、あらゆる個人的な習慣のうち飲酒という行為が貧困と堕落のもととなる不道徳の原因としての放埓さと隣り合わせであることは、やはり事実である〔本書は1899年出版。いわゆる「禁酒法」が成立したのは1920年〕。

ボストン慈善協会の事務局長は、以下のように述べている。

　大酒飲みという問題に出くわすのは、我々が知る家庭の半数に満たない。我々が関心を寄せるのは、そのうちの半分である。大酒飲みとその家族にかかわる方法はさまざまだが、改善策は、個々の事例に応じて選択されなければならない。我々の仲間のなかには、これらの部分的な改善策のどれもが気に入らず、まったく利用しようとせずに、自分たちが問題の元凶だと考える酒類が国から一掃されるまで待っている者もいる。けれども、もし明日、社会から酒類がなくなったとしても、同じように部分的な改善策を模索するだけだろう、と私は確信している。そうでなければ、彼らが酒飲みになるのと同様の自制心の欠如によって、明日には彼らが、別の、もしかするともっと質の悪い嗜好品へと走ることも考えられる。私は、個々人の気持ちは、ゆっくりとではあるが着実に、完全な禁酒へと向かっており、何年間か、もしかすると何世代かのうちには、それが国の法律になることを期待しているし、そのように信じている。私は、巨悪に対する重要な防御策となる特性を確立し、強化するために、男女を問わずすべての人が真摯に向き合うことを確信している（●原注7）。

大酒飲みの個別事例への対応は、生活歴を調査することから始まる。酒に溺れることが貧困と不幸の原因なのか、反対にそれが貧困と不幸によって引き起こされたものなのか。遺伝的にみて飲酒の傾向があるのか、別の個人的な悪習慣に由来するものなのか。不健康が原因なのか。健康を害するような、あるいは危険の伴う雇用状態と何らかの関係があるのか。家庭の食事が美味しくないことが原因の一つとなっているのか。最もすぐれた禁酒への導き手は、ぎっしりと詰まった弁当箱だという人もいる。仕事がないことからくる不安と、働きに出た後の温かい酒類への欲求が理由となっていることは、よくある。そして、それらはどちらも、友愛的な手助けによって取り除くことができる。飲酒習慣をやめようと真剣に取り組んでいる男性は、我々が備えている粘り強いかかわり、関心を寄せること、資源の十分な活用を受けてしかるべきである。

　繊細で自尊心の高い男性に対しては、訪問員がありのままに同情の気持ちを示すことが、最も役に立つことが多い。

　　アルコール依存になった外回りの営業職の男性は、この悪習慣のせいで恵まれた境遇を失った。彼には妻と7人の子どもがいたが、子どもたちはみな幼く、稼ぐことはできなかった。妻はたいへん気丈で、懸命に家族を支えていた。慈善組織協会にこの事例が持ち込まれたとき、家賃の支払いが滞って、家主は支払いを強く迫っていた。この事例では、私たちは男性を友愛訪問員として派遣した。彼は大変粘り強くかかわり、何度も失敗を繰り返したものの、その一家の主人を数日間禁酒させることに成功した。

原注
7：Z・D・スミス女史『救済協会組合報告書マサチューセッツ州スプリングフィールド大会（Report of Union Relief Association of Springfield, Mass.）』

その主人は自尊心が強く、慈善を受け入れなければならないことに対してひどく気分を害していた。けれども家族は困窮していて、もはや選択の余地はなかった。細やかな配慮のある方法で援助が提供されたため、主人は心を打たれ、訪問員が一貫して変わることなく、思いやりをもって関心を寄せることに深い感謝の気持ちを示すようになった。彼らは頻繁に夕どきを過ごすようになった。一家の主人の酒量は減り始め、最後には酒を完全にやめた。そして今では、安定した常勤の職に就き、うまくやっている（●原注8）。

　禁酒の誓約がもつ価値に対しては、さまざまな見解がある。男性が誓約を破った場合に、彼がもう一度やり直すように励ますことは、ばかげたことに思われるかもしれないが、彼自身が約束を果たすように、そして、お膳立てされた支援がなくても一人前にやっていけることをみせるように促すのがよい。

　もっと厄介な事例の場合には、法の力に訴えなければならない。複数の手立てを同時に試みることがうまくいく場合がある。警察に対しては逮捕の脅しをかけるように依頼すると同時に、禁酒団体（これは男性の教会とつながりのあるものが望ましい）への入会を勧めることで追い打ちをかける。同時に、彼に新しい関心事をもたせるようにする。穏便にはたらきかけてもうまくいかない場合には、慈善の提供をすべて取りやめることが求められよう。それでもうまくいかなければ、一家を離ればなれにすることによって、父親の残忍性の影響から妻や子どもたちを守るための手段を講じなければならない。

原注
8：『チャリティーズ・レコード（Charities Record）』ボルチモア、Vol. I、No. 1

ここまで私が示そうとしてきたように、飲酒という悪癖には数多くの原因がある。しかしながら、あらゆる手立てが講じられてやっと、その主たる原因が人間の心の自己中心的なものにあることが明らかになるということは、しばしば起きる。酒への依存を治療されたくない男性や、家族に惨めな思いをさせたり堕落をもたらしたりすることを恥ずべきことだと感じない男性がいる。ここで再び、「矯正することができないという嘆かわしい事実」が認識されるにちがいない。彼らの家族に対する我々の慈善的な関心をとおして、我々が直接的もしくは間接的に、彼らのウイスキー代を払ったり、彼らがわざと避けてきた責任を引き受けたりしているということを、そのような男性たちに覚(さと)らせるなど愚の骨頂である。「飲酒癖に関する委員会（Committee on Intemperance）」は、1886年のボストン慈善協会第8区会議への報告において、この問題のこうした側面に留意することを促している。「しかしながら委員会は、その見解として、飲酒癖のある人の道徳的な責任についての問題と、贈与品やその他の援助によって容易に大酒飲みになってしまう人々の道徳的な責任についての問題は、それぞれが見誤られる傾向にあることを申し上げておく。また、そうした人々は、例外的な事例を除いて、救貧院の外にいる、飲酒癖のある人の家族に対するすべての支援を拒否することによって、よりまともなものの見方と、より的確な責任感がもたらされるだろうと考えている。委員会としてはさらに、このことを心ある人々に納得させることも、現状の苦難を何をもって測るのかを明確にすることもほとんど不可能であることを申し添えておく。なんとなれば、心ある人々というのは、将来的にみて永続する改善よりも、今ある苦しみに心を動かされるためである（●原注9）」。

原注
9：『第7回ボストン慈善連盟報告書（Seventh Report of Boston Associated Charities）』p.39

第3章 家庭における一家の主人

副読本
エドウィン・C・マーティン(Edwin C. Martin)「博愛事業における探求(An Adventure in Philanthropy)」『スクリブナーズ(Scribner's)』Vol. XI、p.230以降。筆者「慈善と家事(Charity and Home Making)」『チャリティーズ・レビュー(Charities Review)』Vol. VI、No. 2。筆者「既婚の放浪者(Married Vagabonds)」『第22回全国慈善会議議事録(Proceedings of Twenty-second National Conference of Charities)』p.514以降。W・F・スロカム(W. F. Slocum)牧師「大酒飲みの家族(Drunkards' Families)」『第15回全国慈善会議議事録(Proceedings of Fifteenth National Conference of Charities)』p.131以降。E・C・ムーア(E. C. Moore)「酒場の社会的価値(The Social Value of the Saloon)」『アメリカ社会学誌(American Journal of Sociology)』Vol. III、No. 1。F・G・ピーボディ(F. G. Peabody)「酒場の代替物(Substitutes for the Saloon)」『フォーラム誌(Forum)』1896年7月。フレデリック・H・ワインズ(Frederick H. Wines)「法と飲酒(Law and Drink)」『チャリティーズ・レビュー(Charities Review)』Vol. VII、No. 3および4。

第 **4** 章

主婦

あらゆることは重なり合っており、それらを一体的に考えることの必要性は、どれほど繰り返しても過言ではない。けれども妻の存在は、家庭のまた別の側面を見せてくれる。家庭は、妻に提供される生活資金によって成り立つ。彼女は、非常に入り組んだ形態の生産工程にかかわることになる。その過程には、食料の買い出しや料理、食事の世話、家財管理、衣料品の購入、裁縫、衣類の整理、子どもの教育、その他多くのこまごまとしたことが含まれる。しかし、これらは単なる工程にすぎず、彼女の頭のなかに、家庭はかくあるべき、という理想像がない限り、それを作り出すことはできないだろう。

　友愛訪問員にとって何よりも重要なのは、学ぶ立場にあるということなのだが、主婦とかかわる際には、直接的に教える側に回ることになる。ニューヨークのとある慈善団体の担当者は、助言を求めてきた友愛訪問員に、救済を申請している家族のことを話した。その家族には、週20ドルの収入があるとのことだった。訪問員は「まあ。その金額では、家族を養うことなんて到底できませんね」と言った。慈善団体の担当者は、その訪問員には多くのことを学ぶだけでなく、思い込みを払拭する必要もあると感じた。

　訪問員の誰もが食料の買い出しや料理が得意というわけでもなければ、家計管理に長けているわけでもない。また、ある一定の支出額のなかであれば、やりくりできる訪問員だとしても、それよりも少ない額の家計でやっていくことについては知識がなく、役に立てないかもしれない。しかしながら、誰かを助けたいと真剣に考え、それを強く望んでいる者であれば、克服しがたい困難があったとしても、決してあきらめないだろう。訪問員自身は意識していないかもしれないが、貧しい家庭の主婦に比べれば、訪問員は学習に費やせる時間と学習する機会に恵まれている。訪問員にとって最良の教師となるのは、経験豊富な友人たちと貧しい人々にほかならない。貧しい人々の倹

約ぶりや勤勉さから学ぶことは多い。彼らのつましい家計状況は、これらのことを如実に語っており、これこそが訪問員たちが学ぶべきゆえんである。

　彼らのような教師がいない場合には、本がその代わりとなる。けれども残念ながら、書物は所与の地域のニーズに直接的に応じることはできない。天候や習慣、その土地の市価は一様ではないので、買い物について明確に助言することは難しい。その理由を詳しく触れることはしないが、貧しい友人たちとの関係ができるだけ気取らないものであるべきなのと同様に、何も分からないときには素直にそう伝え、いつも彼らと一緒に何かしらの学ぶ方法を考え出すようにすることが最もよいだろう。例えば、訪問員が主婦に「私もあなたも、いちばんよい買い物のしかたや料理の方法をもっと知らなければ、と思っていますよね。私の知り合いに、そういったことに詳しい人がいるんです。もしあなたが嫌でなければ、その人にここに来てもらって、教えてもらえたらと考えているのですが」と伝えることは、ごく自然なことである。

　栄養があって値段も手頃な食材を貧しい人々が使えるように教えるために、科学的な根拠に基づいた食事が考案されている。この領域の権威は、J・J・アトウォーター（J. J. Atwater）教授、エドワード・アトキンソン（Edward Atkinson）、ジュリエット・コーソン（Juliet Corson）夫人、そしてメアリー・ハイマン・エーベル（Mary Hinman Abel）夫人らである。ニュージャージー州オレンジ郡の慈善連合局は、食に関する冊子を発行している。この小冊子は、ブルックリンのS・E・テンニー（S. E. Tenney）夫人が作成したものである。例えば、オレンジ郡の物価では、夫と妻、4人の子どもからなる6人家族の場合、1週間あたりの食費は3ドル31セントとなる。貧しい家庭に日常の食事内容を変えることを勧める場合には、まず、その一家をよく知っておくことが求められる。そして、一回の訪問あたりの情報は一つに留める

第4章　主婦

などして、時間をかけて新しいことを伝えることが重要となる。ボルチモアの、ある友愛訪問員は、貧しい家庭の友人と市場でばったり出くわすように計画立てて、特価の肉を勧めたり、野菜を買うのに最もよい店などについて話したりするようにしている。結局、新しい食事を取り入れるのには、子どもたちをとおしてそうはたらきかけるのが最も効果的だった。彼女はいろいろと考えた末に、土曜日の朝に自分の家の台所に子どもたちを招いて、上手く手伝わせながら、自分流の調理のやり方に協力してくれる人材を確保するようにした。そうして、簡単な料理を作るための最適の方法を教えている。この訪問員は、科学的な根拠に基づいた食事に、貧しい人々の嗜好や偏食の傾向がいっさい反映されていないことに気づいている。手始めとして望ましいのは、彼らが好む食べ物をおいしく料理する方法を伝授することである。例えば、濃い茶が好きなら、まずは、茶を一日中ストーブで熱し続けるのは良くない、と教えられる。

　行儀作法、食事、衣服、室内装飾の趣味の問題を扱う場合に、いったい誰が、あのハニーサンダー（Honeythunder）牧師のように、「ここへ来て、ここで祝福を受けよ。さもなくば、汝を打ちのめす！」などと振る舞えるのか。安っぽくて派手な服飾品への嗜好を不快に思うこともあるかもしれない。けれども、そのことについて初めから、あまりどうこう言わないようにするほうが、長い目でみれば、我々のやり方に倣ってもらえることになる。主婦には、洋服をきちんと繕ったり、美しく保つ方法を教えることから始めなさい。また、どのような生地が洋服に最も適しているかといったことについての経験を話すようにするのがよいだろう。

　燃料費は家計の支出のなかで最も重要な項目の一つである。初めに確かめておかなければならないのは、これまで着火のために使用していたものが灯油なのか、それともそれ以外の可燃性の燃料なのかということである。経験

豊富な家政婦によれば、適切に扱えるのであれば、小さな火格子のあるストーブを使い、安いけれども、高価な石炭と同じくらい経済的で質の良い小粒の石炭を買うと、かなりの節約になる。貧しい人々は、高価で燃えやすい石炭を購入する傾向があるが、それは着火にかかる手間が少ないためである。扱い方をしっかり身につけている者が言うには、小粒の石炭を燃やすときは、激しくかき回すのではなく、炎の底部だけに火かき棒を使って、炎に不純物が混ざらないようにしておかなければならない。そして、上部から灰を取り除き、少しずつ石炭を加える。火を使わないときは、ストーブの底をきれいに掃除しておく。また、全体で３インチ〔約7.6cm〕くらいの厚みになるように燃料の石炭をまんべんなく広げる。火が燃え出すまでは風を通しておかなければならない。そこへ４インチ〔約10.2cm〕分くらいの新しい石炭を加え、ガスが燃え尽きるまで風を通しておく。そうしてから、ストーブの底部の通気口を閉じる。上部に蓋のあるストーブは、その蓋を半分だけ開けておく。

　訪問員が訪れる家庭の多くには、清潔といった観念がまったく欠如しているように思われる。そのなかには、母親のやる気がすっかり失せている場合がある。つまり、清潔ということがどのようなものだったかが分からなくなっているのである。非常に繊細な人もいればそうでない人もいるが、ここでは、我々の友人である貧しい人々の気持ちを傷つけることを避けるための機転が求められる。ボストンのある女性のところへ、訪問員から石けんや洗いたわし、モップ、バケツが送られてきた。それには、これらの道具を使うために、訪問員自身が明日訪問するという伝言が添えられていた。それを見た女性は、これは明らかに家の掃除をしなさいという意味だと解釈して、数か月ぶりに家を片付けた。当然のことながら、貧しい人たちの全員がこのように対処できるとは限らない。ある訪問員は、その家庭の母親が不在である

ことを知っていながら訪問して、子どもたちが家の掃除をするのを手伝った。別の訪問員は、自分がやって来ることをその家族が知っているときには、家の中が片付けられていることに気づいた。そこで訪問員は、定期的に訪問する場合の時間帯に気を配り、変則的な訪問を試みた。最後には、その家庭はいつでも人前に出せるような状態になり、訪問員はやっと報われる思いがしたのだった。

> 「ウィリアム・D・ハウエルズ（William D. Howells）氏は、最近までボストンに住み、その間、訪問員として慈善連合に多くの貴重な時間を割いた人物である。彼が、ある日、清潔に対する意識を高めようと熱心にはたらきかけてきた家庭のドアを叩くと、洗ったばかりの床が汚れるから入って来ないでと言われて、感慨深く思った」（●原注1）。

貧しい家庭は、毎日、大掃除をしているわけではない。訪問員は清掃担当係として、上辺だけだとしても、きちんとしておくことのもつ意味に関心を向けるようにはたらきかけることができる。ひとたびそのことを教わると、子どもたちはすすんで身につけていく。

訪問員が主婦の頼りがいのある相談相手となるのは、家事にかかわることだけではない。貧しい地域の女性の多くは、ひもじい思いをしながら、不衛生な生活を送っている。そして、真の友情と思いやりを切望している。彼女たちを手助けする友人は、自分の友人が自身に対してはたらかせるのと同様の自制心を備えていなければならない。我々に苦労や問題を誇張するように

原注

1：ロジャー・ウォルコット（Roger Wolcott）夫人「国際慈善議会シカゴ大会議事録（Proceedings of International Congress of Charities at Chicago）」『慈善組織（Organization of Charities）』p.110

仕向ける友人は、真の友人ではない。なぜならば、そういった友情は道徳心を損ねるためである。しかし、貧しい人々も我々も必要とする思いやりとは、自分はもっと力強いのだと感じさせるものである。そしてそれは、感傷とは、およそほど遠い。主婦の悩み事に対しては積極的に、辛抱強く耳を傾けなさい。また、主婦の視点から世の中を見るように努めなさい。それと同時に、彼女が明るく、気持ちを強くもつことができるように手を差し伸べなければならない。貧しい友人が非常に苦しい状況におかれているときの確かな手助けとは、彼らに我々の存在を伝えることである。ここでもまた、間接的な態度が影響をもつことになる。我々が彼女たちに対して示した態度を、妻たちは、夫や子どもたちに示す態度のなかで無意識のうちに真似るようになるだろう。ジェーン・アダムズ女史が指摘するように、訪問員が赤ん坊にキスをすることを何度も繰り返していると、母親も同じようにするようになる。ボルチモアの訪問員は、年じゅう口うるさく文句を言う夫に疲れ切った女性に対して、彼女の関心事を別のことに向けさせたり、夫の習慣を改善する計画に彼女の協力を求めたりすることをとおして、彼女の状態を好転させた。

　ニューヨークのある訪問員は、二間の安アパートで暮らす女性について語った。彼女は、夫の友人たちからは、よく出来た妻だと思われている。それというのも、彼女が１週間のうち１晩は、きまってごちそうを用意しており、夫のほうは、彼女に前もって伝えていなくても、その夕食に自分の友人たちを招くことができるからである。その家庭はとてもつつましやかなのだが、彼女は夫が本物だと感じられる家庭を築くために知恵をはたらかせている。そしてまた、彼が誇りに思える家庭にしようとしている。

　ここまで、貧しい家庭では、女性の多くが主婦であると同時に一家の稼ぎ手でもあるという事実に触れないできた。私は、慈善訪問員が夫の仕事を探すことが難しかったり、男性が労働への意欲を失ったりしている場合に、そ

の代わりとして妻のために仕事を探すべく奔走するという事実に、できれば深入りしたくないとも考えている。とにかくこれだけを守っていれば間違いないという数少ない原則の一つは、健康であるにもかかわらず働かないで、自宅にいる夫をもつ女性に稼ぎ手になるように勧めてはならないということである。ローウェル夫人は「たとえ女性が毎日、仕事のために家を留守にすることに力を注いだとしても、結局は裏目に出るだけだ」と述べている。

　夫に障害のある場合、または夫から捨てられた妻、寡婦の場合には、当然のことながら仕事が必要となる。けれども我々は、捨てられた妻と、妻がおかれている状況に慈善の手が差し伸べられて、その恩恵に与(あずか)れるまで自分の妻を長期にわたって放置している夫をもつ妻とを区別して考えなければならない。子どものいる寡婦についていうと、彼女たちはこれまで慈善が不適切なかかわりをしてきた層である。女性が自分の子ども全員の世話をしきれない事例はよくある。そして慈善は、そうした女性の家族をわずかな施しに依存させたあげく、物乞いへと貶めてしまうか、子どもたち全員を孤児院に入れるかのどちらかしかしてこなかった。このやり方は、母親が良き母であり、援助を受けながらも自立と自助に向けて子どもたちを育てることができる場合には、残酷なだけでなく何の役にも立たない。慈善活動は見極める力を高め、活動のための資源が豊富になってきているので、前述の層にあたる寡婦のための年金の組織化を創設することができるだろう。しかしこうした年金は、子どもたちが成長に応じて家族の苦労を負担するようにしつけられているかどうかを訪問員が注意深く見守ることが欠かせない。

　家庭での役割のために日曜日に教会へ行くことのできない女性たちに対して開かれている母親の集会の有用性に関しては、さまざまな意見がある。こうした集まりが、やる気を高めることや気分転換といったような、教会の礼拝が差し出すと同様のものを提供するだけならば、反対意見は生じないだ

ろう。しかし残念なことに、母親の集会の多くは、ひどく粗末な縫い物に代金を払ったり、ちょっとした手土産を用意したり、原価よりも安く物品を販売したりするといった小細工で参加者の関心を引き、抱え込むことに精を出している。これらはどれも取るに足らないことなのだが、このようにして人を引きつける方法によって、多くの女性が家庭での役割をおろそかにすることになる。さらに、1人の女性が内容の異なる三つの母親の集会に参加していることも珍しくない。そうした集まりへ出かけることで、彼女は1週間のうちの3日は午後のあいだ家を留守にすることになる。これらの集いに共通する恩着せがましさや「ばらまき型の慈善」といった雰囲気は、女性たちの自尊心を確実に低下させる。こうした女性たちが、責任者である「ご婦人方」に嘆願文を書いたり、陳情書を送ったりすることを知るようになって久しい。妻たちに精神的な強さをもたらす源であるべき場所が、単なる必需品を供給するだけの場所になってしまっているのである。

副読本

スカイラー・ヴァン・レンセラー（Schuyler Van Rensselaer）夫人。「ルスティグ家（The Lustig's）」および「コリアンナのフィアメッタ（Corinna's Fiametta）」、『ある満ち足りた男とその他の物語（One Man who was Content and Other Stories）』収録。メアリー・ハイマン・アーベル（Mary Hinman Abel）夫人『実用的衛生法と経済的調理法（Practical Sanitary and Economic Cooking）』（諸資源が十分でない人々のための改訂版）アメリカ公衆保健協会（American Public Health Association）、ニューヨーク州ローチェスター。W・O・アトウォーター（W. O. Atwater）「食品―栄養価と価格―（Foods: Nutritive Value and Cost）」『農業者広報（Farmer's Bulletin）』No.23、アメリカ合衆国農務省（United States Department of Agriculture）。W・O・アトウォーター、チャールズ・D・ウッズ（Charles D. Woods）「ニューヨーク市における栄養学（Dietary Studies in New York City）」、『農業者広報』No.46、アメリカ合衆国農務省。ニューヨーク市保健局は、食品の購入と調理について簡易な例示を記載した専門家によるリーフレットを近刊予定である。「社会観察の実施方法（The Le Play Method of Social Observation）」、『アメリカン・ジャーナル・オブ・ソシオロジー（American Journal of Sociology）』Vol.II、No.Ⅰ。L・ウォルコット（L. Wolcott）夫人「未亡人と被扶養の子どもたちへの接し方（Treatment of Widows and Dependent Children）」『第15回全国慈善会議事録（Proceedings of Fifteenth National Conference of Charities）』p.137以降。リリー・B・チェイス・ワイマン（Lillie B. Chace Wyman）夫人「工場の狭間にある少女たち（Girls in a Factory Valley）」『アトランティック誌（Atlantic）』Vol.LXXVIII、p.391以降、p.506以降。

第5章 子ども

貧しい人々の家庭において訪問員は主に、物質的な問題に関心を寄せる。子どもについては、労働市場に無理矢理にかり出されて、家族の収入の助けとなるように強要されているのでなければ、その存在自体を完全に見過ごすことがよくある。訪問員が一堂に会して、個々の家庭の課題を議論する慈善関連の会議においても、子どもが話題になることは、ほとんどない。近代の慈善における極めて顕著な傾向は、自分の子どもにだけは意識の高いチャリティワーカーが非常に多くいる一方で、ワーカー自身の家庭生活とは切り離して、何の関連性も見出さずに貧しい人々の子どもと接していることである。ジェームズ・パトナム（James Putnam）夫人は、次のように書いている。「年老いた人々に手を差し伸べることはできないが、子どもは救わなければならない、とよく耳にする。私には、単独で誰かを助けることは、通常ならば達成できない課題であることは自明のように思われる」（●原注1）。

　子どもを救おうとする熱意には、親が自分の義務から逃れることを後押しするにすぎないのかもしれないというためらいがつきまとう。すぐれた慈善活動とされている保育所を取り上げてみよう。こうした活動は、未亡人や障害のある夫をもつ女性の子どもたち以外には、ケアを提供しないようにしなければ、夫の怠惰を助長し、母親が稼ぎ手と主婦と子育てとを担うという、道徳的にみて好ましくない状況をもたらすことに手を貸すことになる。

　訪問員が最初に確認すべきことは、赤ん坊のいる家庭で、その子どもが何か月にもわたって、過剰なまでに頻繁に預けられているかどうかということである。生後6か月を過ぎた赤ん坊は、夜間に預けられるべきではない〔当時、子どもを乳母に預けることは、社会階級にかかわらず行われていた〕。たいていの場合、非

原注
1：『第15回全国慈善会議議事録（Proceedings of Fifteenth National Conference of Charities）』p.152、1887年

常に幼いうちから固形物が与えられている。1歳前に、紅茶やコーヒーを飲まされていることはよくあるし、こうしたもののほかに「テーブルの上にあるものなら何でも」が含まれる。訪問員は、子どもたちに十分に注意を払わなければならない。彼らがどのように食事を与えられ、入浴させられ、衣服を着せられているのかといったことや、風通しの良い、清潔なベッドのある部屋で早い時間に寝かされているかどうかを見極めることは、初めのうちは難しい。しかし、直接的に聞くよりも、観察することから多くを知ることができる。子どもが風呂に入れられているかを把握するための質問ができれば、子どもの頭皮と肌の状態を知ることができる。もし疑わしいところがあれば、医者に診せるのが最もよい。自分に知識がないからといって指導者的でない立場でいることに甘んじてはならない。ミルクの殺菌方法を学んで、母親に教えなさい。決まった間隔で食事を与えることが大切なのだと、母親を説得しなさい。また、幼い子どもは刺激物、脂っこい食べ物、熟していない果物、ケーキやナッツ、飴などを決して食べてはならない、と母親にしっかりと言い聞かせなさい。

　夏のあいだは、子どもは近所の公園で外気にあたるのがよい。また子どもが病気になったときに備えて、子ども向けの療養所や巡回診療所、無料の小旅行のほかに、病気の子どもに提供される慈善をどのように活用できるかについて、訪問員は理解しておかなければならない。年長の子どもは、フレッシュ・エア協会や近場で提供される、子どものための田園の家をとおして、田舎で休暇を過ごすことができる。より望ましいのは、子どもを受け入れることの可能な田舎に暮らす人と訪問員とが知り合いか、訪問員が避暑用の別荘を所有していることだろう。成長期にある子どもが田舎の暮らしに接して、そこを好きになることがいかに重要なのかに気づいた者ならば、自分が訪問している家庭の子どもたちにこの知識を与える際にともなう、個人的に生じ

るいくらかの不便も乗り切ることができるだろう。

　子どもが相応の年齢に達したら、最寄りの幼稚園とのつながりをもつべきである。近所に幼稚園がない場合には、幼稚園の遊びや活動のいくつかを、訪問員は覚えるべきだろう。子どもが小学校に通うようになったら、訪問員は、教師と知り合いになっておくことが求められる。

「我々の訪問員の1人は、ある未亡人とその子どもたちとのかかわりを楽しみつつも、自分には何もできていないと感じながら、2年にわたって訪問していた。あるとき、訪問員は、その一家の13歳になる娘が学校で難しい状況に陥って、放校処分を受けそうになっていると聞かされた。訪問員が学校の教師に会いに行ったところ、その教師は、その娘がいつもこざっぱりとした身なりなので、貧しい家庭の子どもだとは少しも気づいていなかったことが分かった。教師は訪問員と面会した後、娘と話して、彼女が教育を受けられるように母親が犠牲を払っていること、母親が身を粉にして働いていることを無駄にしないためにも、娘としてやるべきことを果たすように、と説得した。こうして、訪問員は娘にきちんと振る舞うように言い聞かせて、学校にとどまらせることができた。これらのことはすべて、1年ないし2年以上にわたってその家庭を訪問し、その家族の状況や特質について自信をもって話すことができる者がいたことによる（●原注2）」。

　義務教育に関する法律の必要性を認識せずに、貧しい人々の家庭で働ける者などいない。貧しい人々に「今以上の状態」を教育することの危うさにつ

原注
2：Z・D・スミス女史

いて議論する人たちは、今でも、そこらじゅうにいる。しかし、大都市に暮らす貧しい人々を、直接的なかかわりをとおして理解している者ならば、過剰な教育によって自分たちが悩まされる危険性は、ほんのわずかだと感じているだろう。学校設備が十分に整っていないことは、怠学を罰せないことと同じで、そのほうがはるかに危うい。いくつかの州では義務教育法がないために、子どもたちが取引の対象や欲深い親の犠牲者に成り下がっている。訪問員は、子どもが賃金を稼ぐために、身体面、精神面、道徳面の福祉が深刻な危機的状況におかれていることを看過して、家族の収入を増やしてやりたいという欲求に決して打ち負かされてはならない。義務教育法があるところでは、訪問員は、怠学を監督する役人の執行権が保障されるように協働しなければならない。そうした法制度のないところでは、親が子どもを学校にとどまらせるために、親に対して力を尽くさなければならない。デトロイトのヘブライ博愛協会（The Hebrew Benevolent Society）は、学校に通わされていない子どものいる家庭に対する支援を拒否している。我々、教会を含む、あらゆる救済機関もまた、この原則を適用するのがよいだろう。

　非常に賢明かつ献身的な児童救済機関のワーカーたちが、子どもを賃金労働者とすることの問題に対して警告文書を発表している。アンナ・ガーリン・スペンサー（Anna Garlin Spencer）夫人によれば、「産業界は、営利目的で子どもの労働力を活用するという労働の手段を見出し、実際に確立した。それは、石臼の上の石である雇用主の強欲と、下の石である親の欲望のあいだに子どもの命を挟み、多くの場合には、粉微塵になるまで引き回すというやり方である」（●原注3）。また、フローレンス・ケリー（Florence Kelley）夫

原注
3：「国際慈善議会シカゴ大会議事録（Proceedings of International Congress of Charities, Chicago）」『子どものケア（Care of Children）』p. 7

人は、イリノイでの工場査察官としての自身の経験から次のように述べている。

> 「すべての少年が労働の被害を受けているというつもりはない。しかし、子どもが働き始める年齢が低ければ、その分だけ、被害者となる可能性が高まることは指摘しておきたい。また、働く子どもに関する科学的な研究によって、放浪者の問題、失業者の問題、そして少年犯罪という派生的な問題全体に光が当てられている点についても述べておきたい。移民が大都市のそばに居つく理由の一つに、子どもの労働で現金を得られる機会が非常に多いことがある。我々の大都市に猛烈な勢いで拡大し続ける移民街を立ち退かせるために、子どもたちが現金を容易に手に入れることができる状態を取り払うことほど単純かつ効果的な方法はない」(●原注4)。

子どもへの適切な教育を阻害するものとして、そのほかに、子どもたちを使いに遣ったり、父親の食事を届けに行かせたり、家事を手伝わせるために子どもを学校から遠ざけるという慣習がある。女子の場合はささいな理由で、ごく幼いうちに教育の場を奪われることが多い。

子どもをめぐる研究の近年の進展によって、子どもの道徳的および精神的に望ましくない行為の多くは、身体面の障害に根源をもつ可能性のあることが明らかにされている。わがままで覇気のない子どもたちとかかわる際には、訪問員はこの事実を念頭において、観察と医師による援助の両方から、子どものどこに障害があるのかを見出すことが求められる。早期に障害を発見す

原注
4：『第23回全国慈善会議議事録 (Proceedings of Twenty-third National Conference of Charities)』p.164、1896年

れば、容易に治療できるし、訪問員はこれを理由に、視覚や聴覚の障害のための簡単な検査の申込方法を学ぶことができる。

『児童調査』（●原注5）に収録されているクローン（Krohn）教授の論文は、訪問員にとって非常に役立つので、すべての訪問員はこれを読むべきである。それは、「『怠惰な』子どもは、100人中99人が聴覚障害に苦しんでいる」ことに触れている。彼は、ある学級の女子生徒が質問に正確に答えることができず、教師から、学校でいちばん出来の悪い子どもだと告げられた、と述べている。

「放課後になって、私は教師に、彼女には知的な面での遅れがあるわけではないと思う、と伝えた。おそらく彼女の小さいながらも利発な脳に通じる道をふさいでいる何らかの身体的な障害があるのだろう、とも。そして、休み時間にその子どもと話せるようにしてもらい、私のストップウォッチが右耳から9インチ〔約23㎝〕、左耳では11インチ〔約28㎝〕に近づくまで、時計のカチカチいう音が彼女には聴こえないということが分かった。彼女と同じ地域の環境下にある平均的な子どもでは、同じ時計の音が21フィート〔約6.3m〕離れたところからでも聴こえる。何を質問されているのか分からないのに、いったいどうして正しく答えることができよう。彼女が答えていたことは全くのあてずっぽうだったのだ。そうした状態では、どのような子どもでも、答えようとしても完全に無駄だと思い込んでしまい、やがては出来の悪い子どもになってしまうだろう。この幼い少女は、私の提案で、教卓から離れていない場所に席を与えられ、その後、彼女には明瞭に話しかけるという特別な配慮がなされた。それ以来、その少女は

原注
5：『チャリティーズ・レビュー（Charities Review）』Vol. Ⅵ、p.433以降

目覚ましい向上をみせて、昨年度の終わりにはクラスで2番目の成績を取った」。

　難しい事例に困ることがあれば、訪問員は、地区の児童保護協会の職員の助言を求めるべきである。職員は専門家であり、そうした仕事に真剣に取り組んでいる者に対して喜んで手を貸してくれることが多い。『1896年ボストン児童保護協会報告書（The Report of the Boston Children's Aid Society）』（●原注6）では、身体面の障害のために学校をずる休みしていた事例が2件、引用されている。1例目は、10歳の女児で、視覚に障害があることが分かった。協会の職員は彼女に合った眼鏡をかけて、再び登校させた。2例目は8歳の男児で、言語面に軽度の障害があった。職員と話すまで、彼が学校の友達にからかわれていることを知る者は誰もいなかった。その子どもの教師が面接した後は、からかい行為も、その男児のずる休みもなくなった。

　マサチューセッツでは、保護観察下にある初犯の少年犯罪者の措置に関してすぐれた制度がある。同報告書には、児童保護協会の保護観察官の業務の実例が記載されている。

「ある15歳の少年は、非公式執行猶予〔アメリカの保護観察の一つ〕がついていた。どうみてもよくやっていたにもかかわらず、彼は突然、法廷に呼び出され、自分が雇われている主人の店に夜間に押し入ったかどで訴えられた。少年のこれまでの善良な人格を鑑みて、裁判所は、我々の職員の管理のもとで保護観察を受けることとした。彼はローレンス氏に、こんな犯罪にかかわる気持ちになったのは、読むのが苦手なのと、お粗末で芝居じみ

原注
6：p.13以降

た人騒がせな行いに加わったせいだと話した。日曜学校の教師の助けで、彼は一生懸命やるように励まされて、今では正規で働いており、公共の図書館から良書を借りるなど、非常によくやっている」。

　慈善にかかわる人々は、こうした子どもたちへの個別的かつ予防的な取組みの重要性を理解しはじめたところである。それは、子どもの習癖と特性についての詳細な知識に基づいている。そうした取組みは、ボランティアのあいだに広められなければならない。友愛訪問員に貧しい家庭との関係があれば、その子どもに適したサービスを提供することができる。上述の実例からは、子どもの読解力を指導することの重要性が強調できよう。子どもに公共図書館の利用方法を教えるだけでは、十分とはいえない。子どもたちが何を読んでいるのかを知り、相応しい本を楽しむことを彼らに教えなければならない。このことを視野に入れて本を貸し出している図書館に、ボストン児童保護協会が確立したすぐれた制度がある。小さな吊り型の本棚に収められた、これらの小規模の家庭図書館は、貧しい近隣の特定の家庭に備えられている。図書館担当の訪問員は、図書館仲間を形成する、その近隣の子どものグループと定期的に顔を合わせて、本について彼らに説明したり遊んだりして、子どもたちを深く理解する。友愛訪問員であれば、そうした図書館をいずれの貧しい近隣にも開設できるだろう。これらの計画に関する詳細は、児童保護協会の申請書に記載されている。

　市民への教育を軽視してはならない。子どもたちは、この国について、親が教わるよりも多くを学ばなければならない。ニューヨーク市ウェストストリート13丁目230にある愛国連合（Patriotic League）は『若い市民のための入門書（a Young Citizens' Catechism）』を出版しており、月刊で『私たちの国（Our Country）』を刊行している。日曜学校は、訪問員にとって、ま

た別の形で役立つので、公立学校の教師だけでなく、日曜学校の教師と知り合っておくとよい。日曜学校の教員組合は、子どもの福祉のために何らかの計画を立てるべきである。一つの日曜学校で十分な援助となるのに、1人の子どもに2か所以上の日曜学校があるのは、どう考えても混乱のもとである。我々は、関心を払っている子どもが1か所以上の学校に通うことを何としてでも思いとどまらせなければならない。

　子どもの親にとって役立つ慈善とのつながりをもつという計算高い目的のために、子どもが複数の教会に通わされているのは珍しくない。同情をひくために子どもを人前に立たせたり、助けを求めるために教師や聖職者や慈善団体の職員のところへ子どもを行かせたりする習癖が、子どもにとって有害なのは明らかである。そのため、慈善にかかわる人々が、いったいなぜ、そうしたことが一般化されるのを是認してきたのか訝(いぶか)しく思う。働ける大人のいる家庭の子どもが、物乞いのための書付けや伝言を届けるために使いに遣られている状態を決して認めてはならない。

　悲惨な状況や悪習を生み出すことを助長している、あらゆる慈善行為のなかで最も悪質なのは、路上にいる子どもの物乞いに金品を与えるという行為である。ある少年が手練(てだ)れの物乞いとなって、他の子どもたちに教える。物乞いで得た金は、はじめのうちは菓子やタバコのために使われるが、やがて賭け事や下品な芝居に費やされる。その次には、ちょっとした盗みをはたらき、やがて強盗となる。そうして、矯正施設に入所することになるが、ほとんどの場合、矯正されずに、やがて犯罪者としての生涯を歩む。私はこの通りをうろついている子どもを日ごろから見かけており、彼らを誘惑する分別のない施しについて、敵意をもたずには語れない。まれに、子どもの物乞いを黙認する親がいるが、多くの親は子どもが手に負えないほど大きくなるまで、そのことに少しも気づかない。通りや戸口で見知らぬ子どもに金銭を与

えることの残忍さをすべての人が自覚しない限り、子どもの物乞いに対して厳重な法による執行を実施するのは、きわめて難しい。

　親の支配から子どもたちを合法的に分離することによって、残虐性、犯罪に等しいほどの養育放棄、不道徳などから子どもを保護することは、ときとして訪問員にとって苦痛の伴う責務となる。意義ある援助を実践している、子どもの保護団体があるとしよう。そうした協会の仕事が、慈善訪問員たちが自分の知っていることを法廷で話したがらないせいで、妨害されることがある。これは、ときには臆病さのためであり、ときには近隣における影響力を失うのではないかというおそれによる。聖職者たちは、後者を理由にして、証言を拒否することで知られている。友愛訪問員の主たる関心は、近隣のなかの特定の家族だが、それほど慎重にならなくてもよいし、訪問員が数か月以上にわたって継続的に訪問していることが、訪問員の証言に価値をもたせる。子どもの将来がかかっているときに、他の家族員への影響力を失うかもしれないというおそれのために、訪問員がはっきりと申し立てしないなどということがあってはならない。わずか数か月間でも、劣悪な環境で過ごせば、子どもは道徳的に死ぬのだ。さらに周知のように、近隣は、自分たちの知っていることを話したがらない。

　保護を必要とする子どもを他の家庭に預けたり、地方の家庭に無料で措置したり、施設ケアに委託したりすることに関連する利点をめぐる課題についての議論には、ここでは立ち入らない。一方で、マンソン（Manson）女史の考えをここで引用しないわけにもいかない。彼女は、英国政府の家庭に委託された子どもの調査官を12年間勤めた人物で、「家庭委託は、うまくいった場合には保護を必要とする子どもをケアする最良の手段だろう。しかし、うまくいかなかった場合には、それは最悪の方法となる」と述べている。最悪の家庭だとしても最善の施設よりはましだ、という非常に馬鹿げた見解が

ある。しかし、家庭がどれほどにまで酷い状態になりえて、施設がいかにすぐれたものになりうるのかを知っている者なら、そのような主張はしない。このことは、家庭が施設よりは確実にすぐれているということについても同様である。友愛訪問員は、この話題を論じたものについて熟知しておくことが求められる。また、どのような事例であっても、家庭について、地域の諸条件によって実現できる選択について熟慮を重ねられるように備えておかなければならない。当然のことながら、訪問員は、自分の責務がここで終わるのではないことを常に留意しておかなければならない。つまり訪問員は、子どもが、訪問可能な範囲に措置された場合には、その子どもを継続して訪ねなければならない。

訪問員はまた、その地域の子どもの保護に関する法律に通じていなければならない。これには、通常、子どもの物乞い、未成年への酒およびタバコの販売、行商人、公共の場での歌手や踊り手などとして子どもを雇用すること、一定の年齢に達していない子どもを特定の時間以上雇用すること（または子どもの雇用そのものを禁じること）、未成年の女子を不道徳な目的で誘拐または隠匿することについての法律が含まれる。

これらにかかわるすべてのことを詳細にわたって十分に習得したうえでの、訪問員の確固たる目的とは何か。それは、子どもが親と一緒にいたときよりも幸福であること、親が陥った穴から救い出されること、つまり、男子の場合は稼ぎ手に、女子の場合は主婦になるための十分な教育を受けていることを見極めることである。公的教育において行われる訓練は、とうてい満足できないと感じることのほうが多い。我々が待ち望んでいるのは、6歳から17歳までの男女すべての子どもが手と頭を使う訓練を受ける日と、手仕事の訓練が、すべての学校の課程において日課指導の一環となる日が来ることである。その日まで、訪問員は、少年少女のための組織による夜間学級、公

共施設、キリスト教団体といった支援を活用せざるをえない。子どものもつ可能性は吟味されなければならないし、子どものささやかな意欲には、あらゆる励ましが差し向けられてしかるべきである。

　しかし、最善の援助とは、結局のところ、成長過程にある子どもに訪問員がもたらす、個人的な影響である。個人の影響が我々自身の生活に与えるものや、自分たちの信念、趣味、話し方さえも形づくっていることを鑑みれば、我々が子どもたちとの結びつきを保ち、人生に対する新しくより良い展望を示すことができる限りは、決して子どもたちを見放してはならない。我々が彼らの最も大きな助けとなりうるのは、学校生活と日々の暮らしが落ち着くまでのあいだの不安定な時期である。この時期に導き手がいなかったために、あるいは雇用、友人、娯楽、家族関係について助言する友人がいなかったために、多くの若者の人生が台無しになっている。この重要な時期に相応しい取組みを提供する博愛的活動は、一部には、大都市に住む、膨大な数にのぼる婚姻状態にある浮浪者たちのせいで、十分に機能していない。

副読本

子どものケアについては、地域の保健委員会の小冊子を参照のこと。フローレンス・ケリー（Florence Kelley）「働く子ども（The Working Child）」『第23回全国慈善会議議事録（Proceedings of Twenty-third National Conference of Charities）』p.161以降。フローレンス・ケリー「働く男子（The Working Boy）」『アメリカン・ジャーナル・オブ・ソシオロジー（American Journal of Sociology）』Vol. II、No.3。W・F・ウィロビー（W. F. Willoughby）、クレア・デ・グラッフェンレイド（Clare de Graffenreid）『児童労働（Child Labor）』、アメリカ経済協会（American Economic Association）刊行物収録。フェリックス・アドラー（Felix Adler）「手工訓練が人格にもたらす影響（Influence of Manual Training on Character）」『第15回全国慈善会議議事録（Proceedings of Fifteenth National Conference of Charities）』p.272以降。ジョサイア・フリント（Josiah Flynt）「路上の子どもたち（Children of the Road）」『アトランティック誌（Atlantic）』1896年1月。ホーマー・フォークス（Homer Folks）「被扶養の難しい気質の子どものための家庭生活（Family Life for Dependent and Wayward Children）」「国際慈善議会シカゴ大会（Proceedings of International Congress of Charities at Chicago）議事録」『子どものケア（Care of Children）』p.69以降。「子どもの母親（The Child's Mother）」の話は、マーガレット・ディランド（Margaret Deland）夫人『チェスターの昔話（Old Chester Tales）』。マーガレット・ディランド女史『愚者の知恵（The Wisdom of Fools）』（女子を連れ戻すことの困難性については、『法と福音（The Law and the Gospel）』という標題の話を参照されたい）。『労働女子協会議会1894年ボストン大会報告書（Reports of Conventions of Working Girls' Societies at Boston in 1894）』および『労働女子協会議会1897年フィラデルフィア大会報告書（Reports of Conventions of Working Girls' Societies at Philadelphia in 1897）』。学校貯蓄銀行（School Savings Bank）に関するパンフレットは J. H. Thiry, Long Island City, N.Y. に申請のこと。

第6章

健康

慈善に関する調査の対象となった貧困の約4分の1は、直接的には疾病によって生じたものである。ワーナー（Warner）は、以下のように述べている。

> 　これが原因となっている割合は、アメリカとイギリスのどちらの経験においても、一時的には15％をわずかに下回るが、30％に届くことはない。平均値は、20％から25％のあいだである。このことは、これらの（貧困に関する統計上の原因を示した）表から得られる最も重大な事実の一つである。それは、私が統計の集計に着手したときに予想していたものとは異なり、さまざまな方法で確認して、あらためて裏付けられたものである。そのため、複数の図表が実際の重要な事実を突きつけているという結論は、避けようがないように思われる。貧困層に区分される、私の知人は、貧困の原因の大部分は、しばしば実際の病気となって現われる、身体や精神の衰弱した状態から生じる結果、あるいはそうした状態に至る結果であると実感している（●原注1）。

　この事実は、貧しい人々への改良住宅、公共の空間、低額入浴施設、区域の衛生を保障するための近代的な慈善のあらゆる取組みが重要であることを示している。しかしこれらの問題は、「模範的な住宅は模範的な住民を暗黙のうちに求める」という考え方から完全に脱却しなければ、改善されることはない。ロンドンの当局は次のように述べている。「住居の状態は、そこに住む人の品位を下げることがある。住人の無頓着な生活と習慣によって住居が損なわれ、不潔で不健康なものとなる」。友愛訪問員は、一家が自分たちの不衛生な環境についての不満をしっかりと感じられるようにはたらきか

原注
1：『アメリカン・チャリティーズ（American Charities）』p.40

け、彼らにより適切な住宅を用意しなければならない。しかしながら、これらの住居がすぐにまた同じような状態になってしまうのであれば、不適切な住宅からその家族を引越しさせるだけでは不十分である。そうした状態は公衆衛生委員会に報告されるべきで、使用禁止の通達が出た場合には、我々は、そうした住宅に入居することを許可されて転入する人のないように、注意を払っておかなければならない。

　私は、日常的に貧しい近隣で働く慈善活動家たちが劣悪な衛生状態に慣れてしまっていて、そうした状態に気づきにくいことを懸念している。ボランティアで働く人々は、こうした間違いを犯しにくいが、彼らもまた、まったく気に留めなくなる可能性はある。彼らは、具体的な課題を言語化できないとしても、全体として違和感を抱いていることが多い。注意深い訪問員は、地下貯蔵室、壁面、庭、配管、屋外便所の状態を把握し、１人あたりの寝られる空間を割り出すために部屋の空間的な広さを測り、ごみ処理の方法を学び、その部屋の風通しの具合を確認する。そして、これらすべてのことを、わずかな質問から把握する。湿気は、ごく一般的な病気の原因である。子どもたちが咳をしているのであれば、地下貯蔵室についてたずね、そこを見せてもらうことはとても簡単にできる。

　新鮮な空気、とりわけ夜風に対する抵抗感を克服することは難しい。自分の子どもを清潔にしようと躍起になっていたある母親は、手を洗ったあとの水と同じように、空気が我々の吐き出した息でどれくらい汚れているかを訪問員が説明するまで、新鮮な空気の本当の価値を理解できなかった。子どもたちがこの汚れた空気のなかで呼吸し続ければ、彼らを「内側が汚れた状態」にしてしまう。こうした親身な指摘が、その母親に非常に不快な思いを残して、それ以後、その家ではいつも十分に換気が行われるようになった。

　すきま風ができないようにしつつ、小さな部屋を換気することは難しい

が、換気窓の上の部分は、煙突に次ぐ、最も簡易な換気装置である。それは、小規模の住宅の多くにみられるように、固定されていてはならない。換気窓の底から約５インチ〔約12.7cm〕のところに板をつけると、換気窓の上部と下部のあいだに空気の流れができる。その板に通風調節装置付きの曲型パイプ２本を取り付けて、部屋の高いところに新鮮な空気の流れを作るとさらに良い。そのほかに、粗目の生地を換気窓の上の部分と窓枠の先端に取り付ければ、換気の装置となる。換気窓を開けると、開口部の先でその生地がぴんと引っ張られることで、空気が通り抜けて流れが生じるようになる。

　家のなかの新鮮な空気と同様に重要なのが、屋外での運動である。私は数年前に、街でいちばん大きな公園へ日曜学校の少年６人と一緒に出かけたことがある。そのときに、彼らのうち５人が、それまでそこへ行ったことがないと知って驚いた。彼らには、ごくわずかな金と時間しかないが、このことのただ一つの原因は、金や時間がないからというよりも、楽しむ気持ちがないということだったのである。

　「石けんと水は安い」という安直で通俗的なことわざがあるが、これは一般的なことわざの大半と同様に、事実の半分しかとらえていない。身体をきちんと清潔に保つために必要とされる時間、労力、衣服をそのつど着替えることに目を向ければ、人が清潔な状態でいることは、むしろ高くつくことなのだ。訪問員は、個人に高い水準の清潔さをもたらす、いかなる取組みにあたっても、このことを念頭においておかなければならない。さらに、彼らがすぐにはうまくできなくても短気になってはならないことも理解しておくべきである。とはいえ、清潔と健康は密接に関係しているので、そうした取組みには大きな価値がある。ある訪問員は、幼い娘を放置している母親に苦言を呈することをためらっていた。そこで、その子どもを１日預かって一緒に過ごし、髪を丁寧に梳かして巻き、バラの花のように愛らしく清潔にして、

夜には自宅へ帰した。ここに、秘訣がある。

　どこにでもあるように、貧しい人々のなかにも、病弱だと思い込んでいる人たちがいる。そのため、訪問員が心配性だと、非常に不幸な結果を招くことになる。しかし、もっとよく見受けられるのは、病気の初期症状にまったく関心を払わなかったり、自分で買った医薬品でなんとかしようとする貧しい人々である。日刊新聞に広告を出しているやぶ医者は、非常に貧しい人たちから大勢の客を引き寄せている。そうした人々は、万能薬や専売薬品の大口の消費者でもある。我々は、子どもたちの身体的な疾患が家庭でどの程度、見過ごされているかを目にしてきたが、これは障害や慢性疾患のある大人に比べれば少ない。貧しい地域で一般開業医がまれに提供する簡易な医療サービスが、結局のところ貧しい人々が病気にかかるのを予防している。訪問員は、彼らが適正な医療費で、必要な場合には無料で、よりよい医療サービスを受けられるように手助けできる。簡易診療所のサービスの程度はさまざまだが、訪問員が患者に付き添って、医師の指示を理解して従うことを確認すれば、薬と合わせて提示される医師の助言と指示がたいへん役立つようになる。家庭内の大人が病気の子どもに付き添って簡易診療所へ行く時間が取れないことは、よくある。ここでもまた、訪問員のはたらきかけが役に立つ。感染症の場合は、保健委員会にきちんと届けられているかを確認しなさい。

　他の場合でも同じだが、急性の病気のときには困窮状態にある自宅よりも、病院のほうが適切かつ経済的に看護を受けられる。実際に、病院はもともとは非常に貧しい患者のためのものだったが、裕福な患者を病院に向かわせる方法が急速に広がりつつある。貧しい人々のあいだで、いまだに一般的にみられる病院に対する偏見は、病院での看護が、現在よりもはるかに人間性を欠いていた時代の名残である。訪問員が病院に入院したことがあるならば、自分や友人の経験を伝えられる。あるいは、知り合いに医師や看護師が

いれば、自分の貧しい友人を診察してくれるように約束を取りつけることによって、そうした先入観に対処することができる。経験していないことや未知のことに対する恐怖心は、ごく自然なことである。しかし、病院での治療が何よりもすぐれているのが明らかなのに、自分の家庭内の病人が病院へ行くことを拒んだばかりに、苦痛と喪失を招くことがある。そのような場合には、慈善活動に従事する人々は、あらゆる救済を差し控えることによって、家族に正しい決断を促すことが正当化される。

　病院に対する偏見は、黒人のあいだで根強い。私が初めて訪問した家族の母親は、黒人女性で、13か月のあいだ寝たきりだった。彼女の話によれば、彼女は「呪われて」いるのであって、最初に病院のことに話がおよんだときは、ひどく感情的になった。彼女は、私の友人である医師が診察するのをしぶしぶながら同意したところ、坐骨神経痛と診断された。医師によると、幼く騒がしい4人の子どもたちがいるうえに、自宅の壁が湿っているため、自宅にいる限り彼女が良くなることは決してないということだった。私は2か月にわたって説得した末に、その母親を入院させて、家族は空気のからりとした家に引越した。話し合いのなかで彼女を説き伏せることができたのは、私の知り合いが病院の看護師であったこと、入院中は私が彼女を頻繁に訪ねるようにするという約束による。これらに加えて、彼女がいないあいだは、子どもたちは十分に世話されるという約束があった。しかし事態を一変させたのは、二頭立ての馬車で彼女を病院まで連れて行くという取り決めであった。

　病院での治療が現実的でないのは、慢性的な疾患のある場合、患者が非常に重症で移動させることができない場合、簡易診療所で「外来患者」として診察できる場合である。妊婦のなかには、自宅で診てもらうのが最も望ましい場合がある。それは、母親が自宅を離れると、一時的に施設に入所せざる

をえない子どもがいる場合である。このようなときには、看護師や乳児用リネンを提供する団体がある。非常に困窮状態にあるため、妊娠期を豊かになる機会として期待する家族もいる（p.41の家族に関する引用を参照のこと）。こうした場合には、病院による看護以外は何も提供すべきではなく、子どもたちについては、一時的に施設または近隣住民のもとにおくこととする。現在では、極めて貧しい状態にある入院していない患者のために、多くの都市では地区の看護師が派遣されている。これらの看護師が家族に病人の世話の仕方を適確に指示するように努めれば、その影響は非常に役立つ。看護師たちはまた、苦痛を取り除くだけではなく、その家庭の生活水準を向上させる。さらに、多くの都市には、病人のために特別に用意された食べ物を無料または低料金で提供する食堂がある。

　病人に提供されているあらゆる慈善のほかに、この国で求められていることは、退院しても衰弱していて再就労できない回復期の患者のためのより適切な対応や完治のための効果的な休養、適切な食事、新鮮な空気である。

　本書では、要点を限っているため、傷病者にかかわる二つの類型についてまだ触れていない。第１の類型は、事故にかかわる事例である。このときに訪問員は、事例が被害を受けていれば、法的な救済措置がとられていることを確認するよう留意しなければならない。同時に、「成功報酬の半分」が確実に取れる事例をつけねらっている弁護士から、被害者を守ることも求められる。もう一つの類型は、完治しない病気のある人たちで、入居費用の必要な住宅が提供されている事例や、それよりもよく見受けられる、民間の救貧院しか残されていない事例である。関心を寄せる友人や慈善活動の協力を得て、１人の患者にかかる諸経費をまかなうのに十分な金を訪問員が工面できることがまれにあるが、協力し合わなければ使うだけ使ってしまって残された患者たちには何も提供されないことになる。

慈善活動の担い手たちは、飽きっぽいことが多い。彼らは、一定の期間、懸命に尽くしては、また別のことに関心を寄せる。そうして、必要とされている援助に手を出そうとしなくなる。この短所をふまえて、治る見込みのない病気のある人たちには、人々の関心が長続きすることをあてにするよりも、適切な援助の提供の後ろ盾となるような金銭が一括で支払われるのを保障する計画を立てることが望ましい。

　ここで触れるつもりでいた最後の要点は、傷病者の移住に関することである。傷病者にとって適していると思われる気候条件を備えたカリフォルニア、フロリダ、コロラドなどの国内の各所を訪れたことがある者ならば、不適切な場所に病人を送り込むという慈善活動の担い手たちが慣れきっている方法がいかに無責任なのかに気づくだろう。それは、気候の突然の変化、適切な治療を確保できなくなること、治療の効果が薄れることという、あってはならない事態をもたらし、さらにそうした事例の多くの死期を早める。サミュエル・A・エリオット（Samuel A. Eliot）牧師は、次のように述べている。

　　デンバーのある牧師が日常で最も嘆かわしいと感じるのは、自分が参列するよう依頼された多くの孤独な葬儀である。私は、哀れな遺体に葬儀屋で祈りを捧げるために急に呼び出されることがある。そこに出席するのは、葬儀屋と聖職者だけか、場合によっては男性が亡くなった下宿屋の管理人か慈善組織協会の事務員が加わるくらいである。誰からも顧みられることのない墓場へと若者を追いやることとなった、配慮を欠いた善意の犠牲者を見ていると、ニューイングランドの山腹の農家で暮らす彼の母と姉妹が、その優しさで彼の最期の時間を穏やかなものにしたかもしれなかったのにと思う。そして、その彼に無慈悲な追放と孤立死を運命づけることとなった、善意ではあるが誤った慈善に忸怩たる思いを抱く（●原注2）。

気候の変化が効果的なのは、病気の初期段階だけであることを忘れてはならない。そしてそれは、患者が比較的快適に過ごすことができて、心配や不安から解放される場合に限られる。生活の手段を提供することもなく、慈善の名のもとに傷病者を見知らぬ土地に送ることは、手の込んだ残忍さなのである。

副読本
地区保健委員会各種出版物。「1893年国際慈善議会シカゴ大会議事録（Proceedings of International Congress of Charities, Chicago, 1893）」『病院と簡易診療所と看護（Hospitals, Dispensaries, and Nursing）』。M・K・セジウィック（M. K. Sedgewick）「啓発的地区看護（Instructive District Nursing）」『フォーラム誌（Forum）』Vol.XXII、p.297以降。ジョージ・H・ナイト（George H. Knight）医師「知的障害者（The Feeble-minded）」、『第22回全国慈善会議議事録（Proceedings of Twenty-second National Conference of Charities）』p.150以降、同号p.460以降も参照のこと。ウィリアム・P・レッチワース（William P. Letchworth）「てんかん患者の看護（The Care of Epileptics）」、『第23回全国慈善会議議事録（Proceedings of Twenty-third National Conference of Charities）』p.199以降。ウィリアム・P・スプラットリング（William P. Spratling）医師「てんかん患者への産業教育（Industrial Education of Epileptics）」、『第24回全国慈善会議議事録（Proceedings of Twenty-fourth National Conference of Charities）』p.69以降。同議事録 p.76以降、リチャード・デューイ（Richard Dewey）医師「貧困状態にある回復期患者―精神疾患患者のアフターケア―（Destitute Convalescents: After Care of the Insane）」p.464以降の議論についても参照のこと。

原注
2：『第19回慈善会議デンバー大会議事録（Proceedings of the Nineteenth Conference of Charities, Denver）』1892年、p.91

第7章
消費と節約

倹約を軽視し、勤勉と倹約を単なる「経済面における美徳」としか考えないような博愛的慈善家を養成する学校が、近ごろ、開校した。この学校は、倹約を「たいていの場合はむしろ、やる気を削ぐこと」（●原注1）と主張するセツルメントワーカーと同類であるに違いない。しかしセツルメントワーカーが倹約に反対するのには他にも理由があって、それは、労働者階級にとって「倹約は、被雇用者への賃金を支払っても収益があると雇用者が分かるまでのあいだ」にしか利点がなかったことにある。

　勤勉と倹約は、本当に単なる経済面における美徳にすぎないのか。我々は勤勉と倹約はそれ以上のものだと直感的にとらえている。人は、怠惰な男性は性根から卑劣で臆病という印象を与えると考える。反対に、仕事を愛し情熱を注ぐ男性は、物理的な報酬以上のものを手にしている。富んでいようと貧しかろうと、倹約しない人間や金遣いの荒い人間は、さもしいうえに自分自身に甘いことが多く、自制心に欠ける点において、利他的であるために最も必要とされる素質を備えていない。そのために、勤勉と倹約には他の美徳と同様に好ましくない側面もあるのだが、これらを教えるとき、性質だけでなく社会のあらゆる美徳をも形づくる二つの要素を取り扱っていると感じるかもしれない。

　賃金を確保しようとするなら、労働者は粗末な食事や居住環境にありったけの金を費やさなくてはならないという悲観的な理論もまた、常識に照らせばとうてい容認できるものではない。新しい物や高価な物が欲しいわけでもなく、またはっきりとした目的もなく、単に貯蓄のためだけに金を貯める男性は、浪費家と同様に救いがたいことも事実である。しかし、その日暮らし

原注 ────
1：ボストン教会社会同盟（Church Social Union, Boston）発刊『今日のカレッジセツルメント居住者からの質疑にかかる報告書（Report on the Questions drawn up by Present Residents in our College Settlements）』p.17以降参照

の男性は、雇い主による搾取に対して最も無力である。彼には生活必需品の負担が重くのしかかっており、自由市場では身動きがとれず、同じ自由市場で彼と競合する人々もまた動けずにいる。繰り返しになるが、浪費する人々は、うまく手を取り合うことができない。自制が効かないことや楽しみをとっておく力の欠如は、協働する努力と相容れないだけでなく、彼らが同僚の労働者に対して義理を貫くことをさらに難しくする。そのため訪問員には、経済的な理由だけでなく道徳的な理由からも倹約を勧めることができる。

　我々が「倹約」という言葉のもつ意味を理解するのに最適の言い回しがある。それは、庭師がよく育つ植物を指していう「やりくり上手な」植物、という言葉である。慈善活動においては、このことを心に留めておくようにしなさい。そして浪費は、基本的には、活発な成長を妨げるものであることを覚えておきなさい。倹約は少額の金を蓄える以上のことを意味する。実際に、安定した生活のために欠かすことのできない、医療や訓練を受けること、その他の備えへの出費を抑えると、かえって出費がかさむことになる。家賃を低く抑えるために湿気の高い部屋に住むこと、子どもたちが十分な食事すら摂れていないのに葬儀用の保険料を払うこと、特許医薬品を購入することや医者代を節約するために病気の初期症状を放置することは、いずれも不経済である。とりわけ、幼い子どもを学校に行かせずに稼ぎ手となるように強いることは無駄な出費が増えることになる。倹約はしたがって、貯金することと同様に消費することも含むのである。

　自分のかかわる貧困家庭には貯金するものがないのだから、倹約などしようもないと不満をもらすチャリティワーカーは少なくない。こうしたことは、しばしば、逼迫(ひっぱく)した困窮状態が過ぎ去るとすぐに貧しい人々とのかかわりを終結してしまい、物理的な諸条件が改善されることでようやく最も効果的な友愛的なサービスが提供できる、まさにそのときに訪問を止めてしまうこと

を意味する。

　人間を簡単に分類することなどできない。だからこそ、貧しい人々を階層に分けようとすれば非難を浴びる。それでも大まかにいえば、そして暫定的に便宜上、分けるとするならば、チャリティワーカーは、倹約にかかわる習性によって、貧しい人々を三つに分類できるだろう。第１は、たいへんな倹約家たちで、この層は多数派にあたる。長期にわたる経済不況のあいだはきちんと節約をしていたとしても、彼らに不運は襲いかかるし、病気や予期しない事故によって一時的に拠り所が必要となることがある。第２の層にあてはまるのは、仕事が多いときには働こうとするが、仕事を得ようとする粘り強さや機転をほとんど持ち合わせていない人々である。彼らは、繁忙期には安っぽい娯楽に多くの金をつぎ込み、困窮するとすぐに救済の申請者となる。彼らにとって借金は恐れるに足るものではない。彼らの考えによると、貯金は意味をもたないということになるのだが、それは貯金の価値が分かるまで十分に貯めることができないためである。そして第３の層は、仕事を怠け、ずる賢く生きる、堕落した不道徳な人々である。彼らは好況時よりも不況時のほうが、暮らし向きが良い。

> 　慈善が恒久的な悪を生み出すか、あるいは恒久的な善を生み出すかどうかは第２の層にかかっている。繁忙期のあいだに、彼らに自分たちには責任がないと思わせたり、繁忙期を終えたときに、自分たちの課題を解決するすべての責任は我々にあると感じさせたりしてしまうと、彼らはあっという間に第３の層へと転落してしまう。一方で、貯金する習慣という力や積み重ねのうえに生じる価値を教えたり、先手を打って世間との折り合いをつけておけば、彼らは第１の層へと落ち着き、すぐに我々の物質的な援助に頼らなくなる（●原注２）。

第2の層の特徴は、つけ払いで物を買うという習慣である。街角の食料雑貨店に置いてある、あの手の冊子は、買い物客に不要な物を購入するよう惑わせるだけでなく、粗悪品に通常よりもずっと高い値段をつけている。友愛訪問員で、大学の研究室に所属している学生が、ある実験のために砂糖を使うことがあった。彼が一番近い食料雑貨店に駆け込んだところ、砂糖を買うために通常以上の代金を払った。こうしたあくどいやり方を知ってからは、彼は貧しい友人たちに食糧の買い方について助言する際に、以前より気を配るようになった。つけ払いという仕組みは、不安定な収入からくる当然の帰結であり、それゆえに避けがたい。さらに多くの場合、つけ払いは購入者が必要がなくなっても続く。

つけ払いというやり方の、また別の許しがたい点は、家財道具を分割で購入することである。貧しい人たちは、口のうまい販売員にこの方法をしつこく勧められることが多い。ある老女は、生活するのもままならない収入であるにもかかわらず、8ドルの時計を分割払いで購入する契約をした。それというのも、たまに入る、日雇いの清掃の仕事に時計が必要だったためである。彼女の訪問員が、1ドルの時計でもその機能はまったく変わらないと諫めると、老女は得意げに「そうでしょうね。でもこの時計は1週間で、たったの25セントなのよ！」と答えた。返済できなくなって、購入者が買った物品を手放すことを怖れているとしても、その場をしのぐための助けを求めることはできる。ボストン慈善連盟の『第15回報告書（The Fifteenth Report of the Boston Associated Charities）』には、そのような体験談が記載されている。

原注
2：ボルチモア慈善組織協会（Baltimore Charity Organization Society）発行の小冊子『夏季の貯蓄（Summer Savings）』

ある家族が分割払いで家具を購入したが、その後、夫が突然失業した。その家具は押収されるところだったが、気の毒に思った気前の良い人が援助して、返済した。金銭を贈与する人々には、貧しい家庭にとって自分たちが提供する経済的な救済について理解するだけの時間がないので、こうした滑稽なことが繰り返される。そうして、「客間の調度品」が、週払いの家財道具の一式に加えられることになる（●原注3）。

　分割払いの販売員が差し押さえることを脅しているような場合には、法に則って何ができるかを考えてみるのがよいだろう。貧しい人々は、無知な顧客としてつけこまれてきた。しかしながら質が悪いのは、そうした仕組み自体なのである。それは不要な物の購入を唆し、しかも現金払いよりもずっと高額な値段で買わせるように仕向けている。

　貧しい男性に借金のある場合には、悪徳金融業者からの債務に押しつぶされていることが多い。悪徳金融業者は、違法な高額利息をかけているにもかかわらず、顧客に知識がないのをいいことに、処罰や損害から逃れようとしている。このことは、自惚れ屋の貧しい人間ほど彼らの罠にかかりやすいという悲哀を物語っている。経済的な困窮に初めて直面する家族は、動産抵当会社のもっともらしい広告に引きつけられてしまう。こうした会社は多くの場合、借り手が所有しているものを担保に金を貸し、交渉ごとのすべてを絶対に口外しないように約束することを求めてくる。これは、自尊心を失わず、あるいは苦痛を伴う世間からの視線を受けることなく、目下の困窮状態から抜け出る安易な方法のように思われる。しかし実際のところ、契約というものは、手軽さとははるかにほど遠い代物なのである。「保障付き」貸付に対

原注
3：p.25

する賞与払いや臨時報酬払い、月賦払いといった仕組みによって、1年間に100％から200％の利息が借り手から絞り取られている。ついには有り金を巻き上げられて、法外な利息や元金も支払えなくなったとき、彼らの財産は差し押さえられ、その家族の世帯員は慈善の対象となる。これらの動産抵当会社が事業の拠点とする所ではどこでも、彼らの犠牲者の多くが救済の申請者となっている。法律は常に十分な保護対策を整備しているが、貧しい人々が法律に関する知識がないのをいいことに、この手の会社がのさばっている。

訪問員が貧しい家庭の財産が抵当に入っていることを知った場合には、会社が支払いを迫っていようがなかろうが、ただちに契約内容を把握して、法律家の友人にその契約の法的な有効性について意見を仰がなければならない。メリーランド州における通常の契約形態は、6％の利息負担がついた6か月間の抵当である。それには借用者への前払い金の総額から差し引いた登記にかかる法定費用が付加される。それだけでなく、貸付の規模に応じて、その貸付の保証人になっている第三者に対し、毎月2ドル以上の手形を支払うものとされている。弁護士は、これらの手形に対する支払いは不要であり、元金と法定利息は抵当証書の満期時に申請されるべきだと助言している。もしこの申請が却下されれば、その会社は財産を押収する手続きが行えない事態に至る。とはいえ、契約にはさまざまな形態があり、何の知識もない貧しい男性たちが6か月間の抵当証書だと信じて署名していたのに、実際には1か月間の抵当証書への署名だったことが分かることもある。したがって、個々の事例に応じて、弁護士の助言に従うほうが望ましい。

高利貸しに対する法律は、それが適用できることをよく理解している人々を保護することはできるが、貧しい人たちは今なお、貸付にかかる十分な交渉術を身につけていない。法定利息が低すぎるので、動産を担保にした貸付では利益を得ることができない。唯一の救済策は、道徳心のある実業家たち

が創設した会社組織である。この組織は、損失の可能性に注意を払い、相応の利息を上回らないように課するという特例の規律を守っている。このような会社は、実業家であり、貸付会社を公平な取引基準に則って運営することの重要性を十分に理解しているすぐれた素封家(そほうか)たちによって、ボストンやバッファロー〔ニューヨーク州の都市〕でうまく運営されている。公平な貸付会社の働きぶりから、いくつかの利点が明らかとなっている。貸付の交渉をうまくできない人たちは、借金に対して十分に注意することが求められるので、申請することを思いとどまっている。借金した人たちは公正に取引することができた者であり、慈善の申請者とならない方法で適切な時機に救われている。何よりも良いことは、その他の貸付会社が利息率を下げ、公正な契約条件を提示せざるを得なくなったことである。

　家財を質に入れるという慣習は、我々のように以前からここに暮らす人間にとっては決して一般的なことではない。しかし我々の大都市の貧しい移民のあいだでは、それはごく日常的なこととなっている。そしてここでもまた、ニューヨーク慈善組織協会（New York Charity Organization Society）がその先駆けの例となったように、慈善による質屋が登場したことが、ニューヨークの他の質屋の利息を下げた。

　借り手としての貧しい男性たちにおける慈善によるこの新利息は、まだ試験的かつ実験的な段階にある。それでも、慈善による質屋の始まりと貯蓄銀行の黎明期には勇気づけられる共通点がある。ローウェル夫人によれば、「あまり知られていないことなのだが、貯蓄銀行という大規模な事業計画は、もともと貧しい人々を助ける手段として考案されて、実施された。最初の二つの貯蓄銀行は、1778年にハンブルグで、1787年にベルンで始まり、これらの利用は、使用人、手仕事職人、そうした人々に準ずる者に多少なりとも限定されていた。ハンブルグ銀行は貧しい人々の財産を総合的に管理する役割を

担っていた」（●原注4）。

　貧しい人が貯蓄しようと思う最も大きな動機は何なのか。彼は、何よりもまず、明確かつ目前にある目的のために蓄えようとするだろう。なぜなら、貯金が満額になるまで、目立った金の使い方ができなくなるためである。したがって、少額ずつ貯金することを、その気がない家族に教える場合には、目に見える形で明確な目的を掲げておくとよい。例えば、子どもたちに必要な衣類を買うために貯金するように、あるいは親たちに子どもの衣類や寝具等を買うために貯金するように説得することである。金があることでできることは何かを示すことによって、家庭内の思いやりが深まり、やがては銀行で口座を開くことへと方向づけることとなる。

　倹約に向けて即効性のある第2の動機には、侘しい埋葬にかかわる懸念が挙げられる。これは、依存または困窮のいずれに対する不安よりもはるかに貧困者に対して影響力のある動機である（●原注5）。貧しい地域では、葬儀で体面を保とうとする。そして、その地域における道徳や体面の基準が我々と同じであろうとなかろうと、我々の慈善活動において、それらを看過することは許されない。身の丈に合わない葬儀は有害なのだから、たとえそれが虚栄心と同じくらいの愛情から生じたものであるとしても、浪費を思いとどまらせるように力を尽くさなければならない。けれども、慈善のなかで非共感的な態度をとったり、その地域の人々の考え方を理解できなかったりすると、分をわきまえない貯蓄の形態、すなわち葬儀用の保険と子ども向けの保険を奨励することになってしまう。

　我が国で貧しい人々に提供されている簡易保険の利点をめぐる議論に足を

原注
4：『公による救済と私による慈善（Public Relief and Private Charity）』p.109
5：『ボストン慈善連盟第4回報告書（Fourth Report of Boston Associated Charities）』参照

踏み入れることは、この本の範疇(はんちゅう)を越えている。さらにいうと、この問題は、この双書の別巻(メアリー・ウィルコックス・ブラウン(Mary Willcox Brown)『倹約の発展(The Development of Thrift)』)のなかでしっかりと取り上げられている。しかし簡易保険を強く支持する人々が、それが費用のかからない貯蓄の形態であると主張することはほとんどない。産業関連政策の大半が無効となり、収入が上がったので、保険金の受取人となって保険金をかけた葬儀にすべてを費やす人々が普通に見受けられるようになっている。「1人の未亡人が受け取った200ドルのうち、180ドルは葬儀屋へ支払われる。そして残りの20ドルで未亡人の喪服をまかなう。そうした事態に至っているとき、家族は緊急救援組織による支援を受けている」(●原注6)。慈善組織協会の担当者によると、ニューヨークでは、以下に述べることは典型的な事例である。ある女性の夫に136ドルの保険がかけられていた。夫が亡くなると、彼女は、自分たちの子どもを埋葬したときと同じ葬儀屋を呼んだ。前回の葬儀費用は相場並みだった。女性は葬儀屋に、一頭立ての馬車の安価な葬儀をしたいと話した。これは彼女が唯一希望したことだった。葬儀屋は、故人に保険がかけられているかどうかを尋ねた。そして、保険がかけられていることがわかると未亡人に、保険金を受け取って、その金で葬儀代を支払うようにと促した。葬儀屋からの請求は総額で102ドル50セントだった。当然のことながら、これらの実例は、葬儀屋と保険会社との共謀を示唆するものではない。

　別の章で我々は、病気が貧困の永続的な原因の一つであることを見てきた。そして、本当にまれな場合に限られるが、何週間ないし何か月にわたる

原注 ―――
6：『第18回ボストン慈善連盟報告書(Eighteenth Report of Boston Associated Charities)』p.27

病気もなく、死に至ることがある。貧しい人が必要としているのは、葬儀のための保険でも生命保険でもなく、疾病手当なのである。そして、その貧しい人の子どもたちは、立派な埋葬よりも別の多くのものを必要としている。実際に、子どもたちには何の利益ももたらさない子ども向けの保険に支払われる金は、彼らの健康を守るためや、教育を与えるために必要なことが多い。これらは、浅ましい動機の一切ない親によって、何を措いてもはたされるべき責任であり、なおかつ子どもを投資の対象としてみることは理にかなった考え方である。貧しい人には、それ以上働けなくなったときに子どもからの援助を期待する権利がある。そして、子どもたちの最善の利益をおろそかにすることは、その人自身の将来を損なうことになる。

　相互扶助組織や共済組合では、疾病手当のために貯蓄する方法を提示しているが、価値があるかどうかや信用できるかといったことについては、さまざまな特性があるため、それらをむやみに勧めることはできない。上述の組織は、イギリスで友愛協会が得ているのと同等の地位を確保できていない。というのも、それらはアメリカでは同じ法的規制や公的検査に則っていないためである。

　貯蓄銀行には、あまりにも簡単に金を引き出すことができるために、本当に必要な場合には利用できないという難点がある。しかし、このことを考慮したとしても、貯蓄銀行は少額貯金の安全で最も有効な手段の一つである。簡単に引き出せるといった難点のない、また別の貯蓄方法として、優良な建築資金金融組合の株式取得がある。

　銀行のなかには、少額の特別切手を販売することによって、少額貯金に機能を付帯しているところがある。また、いくつかの都市では、おもに子どもたちに貯金するという習慣を広めることを目的に、慈善的な活動により切手貯金組織が設立されている。この方法で５ドルが貯まると、貯金口座が開設

される。ある訪問員は、子どもに貯金させたいときには、自分の切手貯金の台紙を持参して、それを見せることが非常に有効であるという見解を示している。子どもたちに貯金を教える方法の一つとして、訪問員は公立学校に切手貯金を積極的に紹介すべきである。

　少額貯金を広めるための別の方法に、貧しい人々のいるところへボランティアの集金人を派遣することがある。ボランティアの集金人は毎週、特定の家庭を訪問して、貯金口座を開設できるようになる額が貯まるまで、5セントや10セントの硬貨を集めて回る。この仕事は友愛訪問と結びつけられている。とはいっても、ボランティアの集金人は定期的に訪問することになる。一方の友愛訪問員は、多くの場合、不定期に訪問するほうが望ましいとされている。ある訪問員は、夏の休暇で留守にするときには必ず自分の担当する貧しい家庭に小さな貯金箱を預けている。そして、彼女が休暇から戻るとその貯金箱を開けることが、その家庭の慣わしとなっている。

　燃料のために貯金するという具体的な試みは、貯金するという習慣を身につけるために活用されるが、単なる燃料の購入だけに留まらないという点においてすぐれている。夏のあいだ、各家庭では毎週、少額ずつ貯めるように奨励される。そして冬季に、非常に高額な炭を少量ずつ購入する代わりに、冬に入ったばかりの頃に1トンまたはそれ以上を購入することで出費を半分以下に抑えることができる。

　無頓着で節制とは無縁の家庭に倹約を教えるとき、我々は、同じ近隣に住んでいるか、収入が同じ程度の、ことのほか倹約に勤しんでいる家庭から多くの貴重な示唆を得ることができる。消費について効果的に助言するためには、その家庭の収入と支出の予算について把握しておかなければならないが、それが、その家庭が把握しているよりも多いことはよくある。項目を記録することを身につけることは、倹約の第1の学びである。しかしながら最

も重要なのは、我々の心構えである。「我々は、『気の毒に。彼らには何もできない』などという口癖を身につけてはならない。我々は、体力や知的な力をもって自分自身を世話できる男性や女性としてではなく、我々とともに社会で暮らすことが許されてはいるものの、人間のもつ強さや精神的な力が奪われ、それを行使できない動物として貧しい人々を扱うような慣習を止めなければならない。感情的になりやすい人々が、貧しい人々をあたかも依存するしかない動物であるかのように接しているのだ、とはっきり述べておこう」(●原注7)。

副読本
メアリー・ウィルコックス・ブラウン (Mary Willcox Brown) 女史『倹約の発展 (The Development of Thrift)』。バーナード・ボサンクエット (Bernard Bosanquet) 夫人『生活水準 (The Standard of Life)』、とくに『少額債務という重荷 (The Burden of Small Debts)』にあるエッセイ。『ボストン・労働者貸付協会年次報告書 (Annual Reports of the Workingmen's Loan Association, Boston)』、『ニューヨーク・プロビデント貸付協会 (The Provident Loan Association, New York)』および『バッファロー・プロビデント貸付会社 (The Provident Loan Company, Buffalo)』。特別切手については、ニューヨーク慈善組織協会（ペニー・プロビデント基金 (Penny Provident Fund)）の報告書を参照のこと。

原注
7：C・S・ロック『ボルチモア慈善組織協会第15回報告書 (Fifteenth Report of Baltimore Charity Organization Society)』

第8章

レクリエーション

楽しみを後にとっておく力は、文明社会の特徴であると述べてきた。これとは別の特徴が、気忙しいこのアメリカには、ある。それは、とっておいた楽しみを満喫する力が貧困層からも富裕層からもしばしば否定されるということである。楽しみを満喫する力に備わっている価値を、チャリティワーカーたちは過小評価する。より多様で高尚な欲求を根底とした、満たされない感覚は、向上するための素晴らしい動機であるにもかかわらず、チャリティワーカーたちは、わずかな満足こそが貧しい人々の模範的な美徳と考えがちである。F・G・ピーボディ（F. G. Peabody）教授は、貧しい人々が向上することに対する最も大きな障壁のことを名付けるのに、「何も欲しがらないという、忌むべき慣習」とラサール（Lasall）を引用している。楽しむ力は、虐げられた、惨めな生活を送る多くの人々にとっては消え失せたように見えるが、それはくだらない、品位に欠ける楽しみのために無為に費やされてもいる。

　この問題に光を当てた一節が、オクタヴィア・ヒル女史のエッセイにある。彼女によれば、冒険を好むことや活動的であることはアングロサクソン人の特徴であり、特定の条件下では、男性をすぐれた探検家や開拓者たらしめる。別の条件下では、これと同じ能力のために、男性が残忍性をもつことにもなる。彼は、貧しいがために無理やりやらされている、退屈で決まりきった仕事に不満を抱き、酒場と賭博場に擬物(まがいもの)の刺激を求める。そのような男性に、充足感について説いてみても仕方ない。我々は、より健全な刺激や別の好ましい欲求を与えなければならない。そうでなければ、社会が彼を立ち直らせることはできない。人々の娯楽、遊興には、我々には粗野で低俗に感じられる形態があるかもしれない。しかしそこには、男性にとって価値があり素晴らしいと思うことを表出したいという、前述と同じ能力が存在している。それは、冒険を好むことだけでなく、社交好きなことや、その人なりの美を愛

おしむ気持ちを顕示することである。ある種の悪業はすぐれた才能の誤用に過ぎないことに我々が気づけば、彼らの立ち直りに向けた一歩を踏み出せる。

よくいわれるように、人の楽しみからその真の度量を知ることができる。度量を変えることはその人自身を変えることになる。この観点に立てば、レクリエーションは、友愛訪問員と貧しい人々との関係の核心と非常に近い。我々が、家族の支出と収入、衛生環境、就労状況や食事について入念に調査しても、どのようなことが彼らに楽しみをもたらすのかを理解していない限り、家族を知っていることにはならない。ある訪問員は、貧困家庭の人々と一緒に楽しく笑い合えるようにならないと、貧しい家族のことをよく分かっているようには感じられない、と言う。訪問員にユーモアのセンスがないことは、仕事をうまく遂行するうえで大きな障害となる。貧しい人々は、我々以上に陰気な人間を嫌う。レクリエーションに関していうならば、友愛訪問には、我々が何を知っているかだけではなく、我々は何者なのかということが強く求められる。我々が貧しい人々に対してそうしているのと同様に、我々が何を楽しいと思うかによって我々の度量は測られている。我々が楽しむ力を生き生きと保てなければ、貧しい人々にこの力を分け与えたいと願ったり、彼らに新たに好ましい欲求を与えたりすることなどできない。

健全な欲求というものがあるとして、我々が貧しい人々に伝えるべき健全な欲求とは何なのか。最も手軽なのは、簡単な遊びと純粋に楽しむ喜びを、家庭に取り入れることである。以下は、ボストン児童保護協会（Boston Children's Aid Society）のビール（Beale）女史による簡単な遊びの一覧をもとに、毎晩、立ったままでできる遊びと座ってやる遊びを付け加えるために改編したものである。

第1夜
1. 指ぬき隠し
2. お手玉
3. ドミノ

第2夜
1. 乗り合い馬車
2. 数遊び
3. エレメンツ

第3夜
1. ホット・バター・ブルー・ビーンズ
2. ジャック・ストロー
3. フルーツ・バスケット

第4夜
1. いつ、どこで、どうやって？
2. 倍数遊び
3. 上手なつづりかた

第5夜
1. 五目ならべ
2. スポット・オン・ザ・カーペット
3. ドミノ

第6夜
1. お急須
2. いす取りゲーム
3. ことば遊び

第7夜
1. 読み聞かせ
2. 羽根吹き
3. オーサーズ

第8夜
1. 箱形迷路
2. 雄鶏売り
3. お辞儀あそび

　このような遊びを教えるときは、子どもと一緒に始めるのが最も好ましいが、親たちに加わるように誘える場合もある。読み聞かせは、子どもたちを楽しませるための取組みのなかでも、失敗しにくい方法である。
　そうでなくても、1年のうち、気候のよい時期には、子どもたちが楽しいと感じられるような屋外の遊びがたくさんある。また最近は、路面電車です

ぐに田園地帯へ出られるので、家族揃って田園地帯へ出かける計画を頻繁に立てるとよい。都市部の貧しい人々の多くは、これ以上はないほど気の毒なくらいに、田園地帯について思いを巡らせることに恐怖心を抱いているので、彼らに田園地帯での楽しみを教えることは、彼らから奪われた、生来的に与えられている権利を取り戻すことになる。植物の観賞や、窓辺で植物を育てることもまた健全な楽しみである。モクセイソウ、ゼラニウム、ムラサキツユクサ、ユキノシタは狭い場所でもよく育つ。日当たりのない共同住宅で暮らしているある家庭に、訪問員が、ゼラニウムの鉢植えを贈ったことがあった。その家の妻は、後に次のように話した。「私たちは、鉢植えに陽を当てるのが良さそうな日には、必ず屋上に持って行きます。私ができないときは、メアリーがそうします。盗まれるといけないので、私たちは鉢植えのそばに座るんです。赤ちゃんも連れて行きます。赤ちゃんも花と同じように、太陽が好きなんです」。

　屋外での運動に対する関心が高まり、我々の生活は、より自由で健康的になっているが、そうした利点を、我々は貧しい人々にきちんと伝えられていない。家庭の女性たちは、折りに触れて、屋外で何らかの運動をするように強く勧められる必要がある。自転車は価格が下がってきているので、大人全員が屋内の仕事に従事しているような家庭にとっては、うってつけの買い物である。訪問員が、それほど遠くない場所に体育館を見つけたら、男の子や父親にそこへ通うように奨励するのがよい。こうした関心事が増えることによって、街角や酒場の隅でただぼんやり過ごす代わりに興味を引くものを持つようになるので、妻や母親が休日を恐れなくてすむようになる。ある訪問員は、飲酒癖のある男性にアコーディオンを弾くようにはたらきかけることによって、彼が立ち直るのを支援した。この事実は、貧しい人々が生活するうえでの楽しみが乏しいことを示していると同時に、いくばくかの哀しみも

含んでいる。

　誰の人生においても、本、音楽、絵画からくる喜びに触れる瞬間があるに違いない。美に対する真の喜びは、長きにわたる学びと備えがなければ獲得できない。しかし、最上級の優れた芸術は万人に通じる魅力がある。本に限っていうならば、無料の図書館が、この考え方に近いだろう。訪問員は、近くの図書館の規則を十分に理解して、家族が図書館についてよく知らない場合には、家族の誰かと一緒に行けるようにしておかなければならない。ボストンの第10地区にある酒場の主人たちは、公立図書館の新しく開設された分館が自分たちの商売の妨げになっていると不満を漏らしている。訪問員は貸本屋を利用するように促すだけでなく、自らが本、新聞、雑誌を貸し出せるように整えておきなさい。また、友愛関係を強化するのに役立つ場合には、担当する家庭からすすんで本を借りるようにしなさい。

　絵画にはすぐれた影響のあることが、慈善活動において認識されるようになっている。友愛訪問員には、ロンドン、ニューヨーク、ボストンの貧しい近隣で開かれるような大規模な貸借による展覧会を企画できないかもしれないが、遠方に出かけるときに、美しい写真や版画を貸し出して、別の絵画と交換することはできる。そのようにして借りてきたものは、ストックトン（Stockton）〔19世紀のアメリカ人作家〕の物語のイーストレイク（Eastlake）〔主に19世紀に活躍したイギリス人画家・美術史家〕の絵のように、家族関係にめざましい変化をもたらすことが知られている。さらに、絵画は説教よりも効果的に、学ぶべきことを伝えられる。バーネット（Barnett）夫人は『実行可能な社会主義（Practicable Socialism）』（●原注１）の中で、オックスフォードの学生が案内役になって、絵画の説明をしたという、ホワイトチャペルで催され

原注
１：p.119以降

た貸借の展覧会について次のように話している。

　ある夜、シュマルツ（Schmalz）氏の「永遠」という絵の素晴らしい解説があった。その部屋は、興味深げに解説に耳を傾ける貧しい人々でいっぱいだったが、静まりかえっていた。その絵には、死の床にある若い女性とその恋人が描かれており、リュートを弾いていた恋人が、楽器を手から取り落としている様子を写しとっていた。彼は彼女に自分の愛が死よりも強いこと、死が自分たちを別っても彼女を永遠に愛すると、熱く語っているようであった。私が展覧会の外の薄暗がりに立っていると、帽子すら被っていない2人の少女が、1枚のショールにくるまりながら出てきた。彼女たちの生活は最悪の状態というわけではないにしても、そうした暮らしに慣れきっており、絵からは単純に男女の関係といったことしか読み取ることが出来ない程度に貧しいようだった。その絵に明快な解説をつけて示されないと、現世を越えて続く愛や、永遠を現実のものとすること、男女の精神的な絆という発想が彼女たちには思い浮かばなかったのだ。少女の1人が言った「すごく綺麗だったと思わない？」に対するもう1人の答えは、「うん、素敵だった。だけど私は、『永遠』っていうのに、ぐっときたわ」だった。

　私は人生のほとんどを地域で生活してきた。とりわけこの25年間は、音楽を楽しむ機会に恵まれている。ジョージ・ピーボディ（George Peabody）〔19世紀のアメリカの慈善家〕は、音楽学校を創設するための資金を遺し、さらに、数人の音楽愛好家たちがオラトリオ協会（Oratorio Society）の存続のために時間と財とを費やした。後になって、トマス・オーケストラ（Thomas' Orchestra）とボストン・シンフォニー・オーケストラ（Boston Symphony

Orchestra）が訪問したことで、地元の音楽活動の拠点がさらに強化されることとなった。しかし、長年のあいだ、ピーボディ音楽学校（Peabody Conservatory）が軽視されたり、誤解されたりしたこともあって、オラトリオ協会はいつも財政難にあえいでいた。私がこうした事実に言及するのは、自分たちの親しむ美しい音楽を、音楽学校と客演の管弦楽団から享受している人たちが、貧しい人々に音楽の素晴らしさを味わうことなどできるはずがない、と私に言うためである。しかし、ジョージ・ピーボディや（ボストン・オーケストラの設立を可能にした）ヒギンソン（Higginson）氏、その他の人々のすぐれた行いがなければ、偉大で格式高い音楽を味わう喜びを自分たちの力で得ることは決してできなかったに違いない。この点において、彼らは貧しい人々と同様に他人任せなのだといえる。それにもかかわらず、彼らは、偉大な作曲家は、貧しい人々に対して何も伝えるものなど残していないと信じ込んでいる。もっとも、学識のある音楽家にしか理解できない、難解な音楽もある。しかし、本当にすぐれた音楽の多くは、それに触れる機会が一度でもあれば、万人の心を惹きつける。ある若いアメリカ人の音楽家が指摘しているように、芸術的な感性は生活状況や人種とは関係がない。彼は、ニューヨークのイーストサイドの聴衆やフィラデルフィアの黒人の聴衆に対して、音楽を解説する講義を行ううちに、「もし庶民が優れた音楽に触れられるとしたら、それは喜ばれるだろうし、大衆を向上させることにもなるだろう」と確信した。

　ある貧しい家庭の母親は、「うちの息子は音楽が好きで、そのせいで悪い子になってしまった！」と嘆いた。それも当然だと思われる。というのも、ゴスペル賛歌にみられるけばけばしさはさておき、その息子にとって音楽は、酒場や下品な演芸場と結びついていたからである。そのような影響に対抗するために、質の高い音楽会を手頃な価格で何度も提供することが、我々

には求められる。その音楽会とは、次のようなものとなる。それは、裕福な聴衆に支持されたセオドア・トーマス（Theodore Thomas）〔おもにアメリカで活躍したドイツ人指揮者〕の方法に則っている。彼の聴衆は、いちばん多くの人に受け入れられそうな音楽を聴き、少しずつ、選りすぐりの異なる音楽に親しんで、好むようになった。

　すぐれたレクリエーションはすべて、教育の分野にも浸透している。ここで、市井の人々のあいだで勉学を奨励するのに高い可能性のある教育的な取組みをいくつか挙げておこうと思う。アメリカ大学学外講義協会（American Society for the Extension of University Teaching）は、その本部をフィラデルフィアにおき、貧しい近隣において、講義を大変うまく運営している。教育学部がニューヨークで開催した、無料の夜間講義に非常に多くの人たちが参加したことにも着目すべきである。働く若い女性の集まりやキリスト教関連の協会、それに一般の人々のための施設における教育的な講義が好評なのも、望ましい傾向である。けれども、私はここで、訪問員の手段としてこうしたものの重要性を強調するために、これらの講義について述べている。訪問員はそうした教育機関のいくつかとつながりを構築することをとおして、家庭内で向上心が芽生えたときには、その気持ちを育まなければならない。

　いかにもこれ見よがしの上流階級気取りには、我々にもすぐに見抜くことのできる一定の様式があり、懸命に働き、すり切れた服を着るしかない人々を見下す。それとは別に、分かりにくいがゆえにもっと危うい上流階級気取りは、知性のあり方をめぐるものである。それは、文化の独占権を主張し、質素であることや洗練されていないことを蔑視する。実際に、非常に恵まれた人々を除いて、我々の誰もが、知っていたり楽しんだりしていることは、他人の才能に依拠している。おそらく完全に排他的な近隣というものはなく、

教育や品格、美しいものの拠りどころとされるものが豊かなのにもかかわらず、役立てられずにいたのだろう。そしてまた、本当に貧しい近隣というものもなく、美しさ、教育、より自由で満たされた生活を望む人々がいたのである。

　次章では、我々が貧しい人々に生活必需品を提供しようとする際に、我々の行く手がさまざまな困難に阻まれることについて紹介する。しかし、生活するうえで必須ではなくても、暮らしを明るく豊かにするものを彼らに与えることによって、我々は、真に純粋の親切心を示すことができる。本、花、生長する植物、絵画、ちょっとした装飾品のような贈り物や、私の知る例を挙げるとすれば、暗い部屋を華やかにする、明るい色の壁紙の何枚かを贈ることは、我々の友情を表すのに役立つし、友人から贈られたような価値が加わる。しかしながら、何よりも、我々は健全で洗練された楽しみを貧しい人々と分かち合うことをためらってはならないし、自分自身の興味について彼らと心おきなく話すことは、ごく自然なことであると理解することが求められる。

副読本
Ｅ・Ｈ・Ｈ『みんなでできる居間での遊び（Parlor Games for the Wise and Otherwise, H. E. H.）』。Ｌ．Ｐ．ヘイル（L. P. Hale）夫人『暖炉のそばの薪（Faggots for the Fireside）』。ヘレン・キャンベル（Helen Campbell）夫人『アメリカの少女のための仕事と遊びの本（American Girls' Own Book of Work and Play）』。ボストン体育師範学校（Boston Normal School of Gymnastics）出版『体操あそび（Gymnastic Games）』。Ｗ・Ｓ・ジェボンズ（W. S. Jevons）『社会改革の手法（Methods of social Reform）』。Ａ・Ｃ・ベルンハイメル（A. C. Bernheimer）「ニューヨークの下町における絵画展覧会（Picture Exhibitions in Lower New York）」『フォーラム誌（Forum）』Vol. XIX、p.610以降。

第9章 救済

通常は「援助」という言葉で表現されるものとは異なる方法によって貧しい人々を援助するさまざまな方法について、これまでの章をとおして、明らかにできていないとしたら、とても残念に思う。貧しい人々の真のニーズを理解している者にとって、食べ物や燃料の贈与に甘んじる救済は、慈善活動のわずかな部分にすぎないように映る。しかし多くの人間は、飢えや寒さと直接的に関連していないニーズには、めったに心を動かされない。多くの人は想像力に乏しく、彼らにとっては、貧困という問題自体が現実のそれよりも単純化されている。彼らにとって貧困は、数字の上の総計以外の何ものでもないように思われる。つまり、「物乞い1人には1斤のパンを、物乞い1万人には1万斤のパンを」というわけである。そして、慈善によるパンには、道徳と癒しの性質があると考えられており、この性質は、そうではないパンを許容しないとされている。実際には、慈善による金銭や必需品に、道徳的な性質など含まれていない。施す側の意図がすぐれていても、ある種の美徳を貧しい人々に授けることなどできない。しかしながら、あらゆる必需品と同様に、物資は善意の源にも、悪意の源にもなりうる。必需品をどのように取り扱うかということをとおして、ことあるごとに我々は試されている。つまり、我々の誠実さ、誇り、霊的なものに対する感覚が試されるのである。物質的な救済もまた、我々の試練となる。それをとおして貧しい人々に祝福をもたらすことができると信じ込んでしまえば、人間の暮らしは極めて物質的なものだという見方をすることになる。反対に、むやみに与えるという行為によってもたらされる悪影響について理解していると、あらゆる物質的な支援に対して、異常なまでに疑い深くなり、そのせいで、適切な時機に適切な方法で、新たな努力のための動機と、より高い生活基準の足掛かりとなるかもしれない、救済の有意義な手だてを失うことになる。

　訪問員が機転を利かせて、家庭内の資源を活用することによって、家庭の

第9章　救済

外からもたらされる不必要な物質的救済を退けることができれば、その家庭は運が良いといえよう。しかし、家庭外からの救済は必需品であることが多いため、次のような疑問が持ち上がる。それは、救済はどのように与えられるべきなのか、ということである。すべては「どのように」にかかっている。

　第1に、そしてこれは、訪問員が身につけるのに時間を要することでもあるのだが、たとえ友愛訪問員が、自分が訪問している家庭が別の組織から救済を支給されているかどうかを確認しなければならないことがあったとしても、その家庭に金銭や必需品を与えるなどというのは、無分別もはなはだしい。このことは、とりわけその家族を理解する最初の数か月のあいだにあてはまる。

「ある訪問員が、自分が担当する家庭がひどく困窮していることを知ったものの、事務局に行く時間もなければ、何か他の方法で支援が行き届くように手配する時間もないとしたら、その訪問員が、他の人々と同じように、とりあえず自分の所持金からその家庭に支援を提供するのは当然のことのように思われる。しかし、これらの非常にまれな緊急事態を除いて、訪問員は、自分の訪問先を自ら救済することのないようにしなければならない。我々は、これを分別のある規律だと考えているし、8年にわたる実績を経てなお、変更するつもりもない。もし見知らぬ人があなたに贈り物をしようとしたら、侮辱されたように感じるだろうし、それを断るだろう。もし、あなたが必需品を受け取るように押し付けられたとしたらどうだろうか。そうしたことは、あなたとその見知らぬ人とのあいだに、その人が打ち破るのが非常に困難な、ある種の障壁を生むことにならないだろうか。手に入るものであれば何でもほしいという、自分とはまったく異なる性質を想像してみればよい。もっともらしい話をすればほんの1ドルでも、

もぎ取ることができると思えるような人に対してよりも、自分には何も与えてくれないことが分かっている人物に対してのほうが、ずっと自由に、あるいは真剣に話しやすい、ということはないだろうか。訪問員にとってもまた、規則は役立つ。我々は、金銭を与えることによって、自分の義務が果たされると考えがちである。しかし金銭を給付することができないのであれば、よりすぐれた支援の他の方法を編み出すべく、知恵をはたらかせるしかないのである（●原注1）」。

　上述の一文が書かれてから11年が経つが、このことは、慈善の実践に携わるほとんどすべてのワーカーの経験から裏付けられるだろう。友愛訪問員とて人間なのであって、本書で述べてきたように、彼らの業務は容易ではない。与えることは、とてもたやすい。慈善における幾多のボランティアたちの歴史は、素晴らしい意図をもって始まった。しかし彼らはまた、自分が訪問する家族に救済を与えるという誘惑に駆られてもきた。初めは子どもたちの衣服、やがて貸し部屋、次は食料品、そうして、もっとたくさんの衣服を、という具合に。さらに奇妙なことに、こうしたことは、彼らの聞き届けられない声や暮らし向きの良くない人々、自分たちの立場を忘れ去り、貧しい人々とはどのようなものなのかについて、誤解と歪曲に満ちた考え方に心酔しているボランティアたちに気づかない限り、増長していく一方のように思われる。貧しい人々もまた、継続性を欠く、慈善的な関心を信用しないようになる。わずかな自制心、自分のなかで目的を明らかにしようとする、あと少しの決意といったものによって、慈善活動にかかわる人々と貧しい人々との双

原注
1：Z・D・スミス女史「スプリングフィールド・ユニオン救済協会報告書（Report of Union Relief Association of Springfield）」マサチューセッツ州、1887年、p.12

方が相容れない、という嘆かわしい状況を解決できるのである。

　友愛訪問員が、ある家族を数年にわたって担当しており、彼らの友人関係が完全に確立されているような場合には、訪問員が最もふさわしい救済の源となるであろうことは想像に難くない。しかし、貧しい人々と我々とのあらゆる関係に、因習的な性質や古臭い伝統という形で忍び入ってくる、ロンドンのある教会の、件(くだん)の訪問員のような態度には用心しなければならない。その訪問員は、自分の鞄に入っている食料品券を使うことなしには、精神的な慰めを具現化することなどできない、と言い放った。与える者と受け取る者、保護する者と保護される者といった関係とは異なる、もっと自然な関係が成立することを知っておくことは、貧しい人々にとっても、我々にとっても役に立つ。

　しかしながら、訪問員が必需品を供給する源になることを是認することについて述べてきたことが、救済が家庭にもたらされる手法や、それが家族の福祉におよぼす影響を、訪問員は気に留めなくともよいかのように解釈されてはならない。訪問員が気にかけている家庭の構成員の福祉に関するあらゆること、過剰な救済による物資のせいで彼らを無気力にすること、あるいは、そうした物資が欠乏していることによって悩む必要のないことまで悩まなければならなくなるといったことこそが、訪問員が真に気を配っている問題なのである。救済を賢明に実践するためには、特別な訓練を要する。経験の浅い訪問員は、自分が受けもつ特定の地域にある慈善の資源や、家族の近隣にみられる生活水準を理解している人物に助言を求めなさい。救済には普遍的な法則がある。それがどこにでも適用できることは、常識と経験が明らかにしている。以下では、慈善の専門家たちの専門用語を使わずに、これらの法則についてできるだけ簡潔かつ明確に、六つの項目に整理して述べる。

第9章　救済

Ｉ．ある貧困家庭で救済が必要とされている場合には、一家の主人が生活必需品を自分でまかなうことができず、それでも何とか手に入れるための責任を負う一家の主人と話し合いをしたうえで、人前ではなく、家のなかで与えられるべきである。一家の主人が障害者でない限り、要求されてしかるべきことは、すべて試みなければならない。当然のことながら、このことは、妻が慈善活動の事務局や個人の家庭に援助を求めに遣られるべきではないこと、遣い走りにきた子どもが救済のために言付かってきたことや訴えに対して、その家族の大人全員に障害があるという、まれな場合を除いては、すべての教会のワーカーや教師は、きっぱりと拒否しなければならないことを意味している。こうした単純な予防手段を看過することは、しばしば子どもを学校から引き離したり、親が同情を煽るために子どもを利用する誘惑に駆られたりすることにつながる。ボルチモアのある新聞に、「雪の中の裸足」という見出しで、扇情的な記事が掲載された。それは救済のために、警察署へと使いに遣られた、薄着の子どもについての文章だった。調査によれば、彼らの父親は、条件の良い仕事が提示されていたのを断って、子どもたちの靴を脱がせて、家族のために物乞いに行かせていた。

　この新聞記事には、ニーズのある個別の事例を公衆に晒すことの危険性がよく表れている。貧しい人々は、その新聞を読んでいるし、救済を乞うために子どもを送り出すことで同情を引くことができると分かれば、自分の子どもたちを同じように利用しようという誘惑に駆られる。さらに、貧困家庭の苦しみが、商魂たくましいジャーナリストの好奇心を煽り、名前と住所が添えられた記事として彼らの境遇を発行するという、忌むべき事態が貧しい家庭に起きることもある。このことによって、彼らへの救済が雪崩のごとく押し寄せることもあるし、感傷に駆られた見知らぬ人々が彼らを訪問することにもつながる。また、極めて劣悪な状態におかれている近隣の人々から妬ま

れたり、すべてが順調な人々の不興を買ったり、動揺や不安を引き起こしたり、彼らの苦しみに関する話が幾度となく繰り返されたり、家庭生活の自然な状態のすべてが台無しにされたりするといった事態をもたらし、その結果、救済が尽きてしまった後にも、長期にわたって廃退が禍根として残る。

　より程度の低いことについて言及すると、救済が命令に基づいて公開されるものであろうとなかろうと、救済が分配される場所に貧しい人々を集めることは、非難されてしかるべきである。行列に並ぶこと、競い合いながら待つこと、集団として扱われること、公衆の面前に晒されることは、人間のもつ気力をくじく。非常に残念ながら、宗教的救済活動は、そうした無料の配布物品を広報のための見世物として利用している。しかし、「慈善の真髄は、それが私的なものとされるべき点にある」のだ。一方、広報的な行いは、世間の注目を前提としている。私には、貧しい人々に、クリスマスの夕食、無料の食事のほかに、よくある類（たぐい）の慈善の配布物品の引換券を渡す機会が多くあったが、貧しい人々のことをよく理解し、彼らの福祉についてもっと気持ちを向けるようになるにつれて、彼らを家畜の群れのように援助する慈善に憤りを覚えるようになった。寒空の下で行われる、善意ある多くの人々に訴えかけるような形態の慈善的救済として、スープが無料で配給される食堂がある。そこには貧しい人々がやかんを持ってやって来るが、「何も聞かれない」のだ。あつあつの湯気を立てているスープと、寒さにおかれて凍えている受給者とが作り出す対比は人目を引く。そして情け深い市民は、そうした慈善を「実践的」だと考えがちである。そのため、こうしたやり方に異議を唱える者を「理屈屋」だと非難する。無料のスープを提供する食堂に実践的なところなど何もない。それは、陳腐な慈善のなかでも最も低次元の側面である。寒い季節であれば、人間は凍死しないように家のなかに火を焚くべきなのであって、料理された食べ物という贈与品は不要なのだ。スープという

のは与える食事として、栄養価が特別に高いわけではないし、「何も聞かれない」ことは、最もニーズのある人々が最も少ない取り分しか得られないことや、上述のような配給に引き寄せられる、屈強の物乞い集団が、最も助けを必要としているにもかかわらず萎縮している貧しい人々を頑として寄せつけないようにすることを意味している。

<u>第1の救済の原則は、救済は個別に、非公開に家庭ごとに提供されるべきであり、また一家の主人が救済にかかるすべての疑問点の引き受け手とならなければならない、ということである。</u>

　Ⅱ．救済が必要な場合には、貧しい人々の自尊心を十分に配慮することで、我々は、ごく自然な形態の資源から救済を得るために奮闘できるようになる。信用貸しができるような家族は救済を少しも必要としていないし、慈善を受給するよりも、彼らのことを商売上のそれなりのリスクだと考える人々から借金するために奔走すればよい。信用貸しに次ぐ、自然と思われる資源は、親戚である。親戚が自分たちのできるあらゆることをやり尽くしていることが確かでなければ、または耐え難いほどの重圧がかけられていない限りは、あるいは少なくとも、貧しい状態にある親戚に対して彼らの役目を果たすように説得する圧力がかけられていなければ、自然な結びつきは、慈善活動が足を踏み入れることによって弱体化する。親戚には、慈善活動が理解し留意すべき、救済を差し控えるための、それなりの事情がある場合もある。親戚に次ぐ救済の資源は、友人である。これには近隣の人々や以前の雇用主が含まれる。家族のための援助を探し求めている訪問員は、こうした人々と相談することによってより良い援助の方法を見出すことがよくある。見境のない慈善は、近隣同士の思いやりを損なう（p.21参照のこと）。これに続く

資源は、家族員が所属している教会や、家族が会員だったことのある友愛組合協会である。我々は、これらの資源のどれもがうまく運ばず、我々が価値があると思うような慈善を理解できる個人からの十分な救済を得られない場合にだけ、貧しい人々に救済を与えるという目的のために協会を組織化する方向に舵を切るべきである。さらに、そうした場合においても、セント・アンドリューズ・ソサエティ・フォー・スコッツ（St. Andrew's Society for Scots）、セント・ジョージ・ソサエティ・フォー・イングリッシュマン（St. George's Society for Englishmen）、ヘブリュー・ベネボラント・ソサエティ・フォー・ヘブリュー（Hebrew Benevolent Society for Hebrews）といった特定の協会は、他者の慈善で支えられている度合いを忖度（そんたく）するためではなく、自然と思われる資源では、どうやっても救済され得ない、友人のいない家族に手を差し伸べるために存在するので、一般的な救済関連の協会よりも上位におくべきである。

　貧しい人々の家庭には、救済の資源がもう一つだけ残されている。アメリカの多くの都市では、いまだに公衆の面前である屋外で、救済が支給されている。この救済は「公の」と呼ばれているが、それは税金で集められた資金が投じられているためである。そして、家のなかや施設での救済と区別するために、「屋外の」と呼ばれている。これを最も望ましくない形態の救済に挙げるのには、いくつかの理由がある。第1に、それは、政治家によって実施されることが多く、政治的な腐敗の根源となる。しかしそれよりも重要なのは、公的であるがために、移り変わるニーズに容易には対応できないということである。私的な慈善活動は、慈善に必要となるよりも多くの費用を一つの家庭に投じる場合に、その家族に対する多額の費用を引き受けられる。しかし公的な救済の場合は、前例を作ることへの危惧のために阻害されることが常である。不十分な救済というのは、こうした危惧の結果であることが

第9章　救済

よくある。さらに公的な救済は、事実上、無尽蔵の資源とみなされているものからもたらされており、ひとたびそれを受け取った人々は、自分たちには何の義務もないことを匂わせながら、公的な救済を、権利や永続的な給付金として考えるようになりがちである。ボストンのように、誠意をもってうまく実施されたとしても、非常に経験豊かなチャリティワーカーは、公的な救済が、貧しい人々と慈善活動に従事する人々との双方にとって、道徳的な退廃の根源となると考えている。慈善において不可欠な、献身的かつ友好的で熱意ある個人的な関係を提供できる公的な機関などない。公的な機関は、贈与品を支給することはできるが、与える者を供給することはできない。なんとなれば、この与える者とは義務としての税金だからである。この課題にかかわるいくつかの情報源を、本章の最後に記しておく。さまざまな論点に対して、適切な考察を加えることは、この場では、どうにもできそうにないが、以下のようにいうことはできるだろう。それは、貧しい人々の家庭でボランティアとして働いてきて、こうした屋外で行われる救済の影響を観察してきた人々の大多数は、非公開のボランティアによる慈善は、屋外の救済と、たんに取って代わる以上のことができると確信しており、我々が暮らすどの大都市においても、それが廃止されることを切望している、ということである。一方で、別の角度、つまり公的な機関において、または公務員としての立場から、貧しい人々を理解している人たちは、屋外での救済の忠心的な支持者であることが多い。

多くの場合、一つの資源から十分な救済を得ることは不可能だが、救済の資源が少ないほど、どの家庭にとってもそれは望ましいこととなる。

> 「分別をもって与えることは、ある人物や社会がそれを全面的に担っているとしても、非常に難しい。しかし、受給者が幾度となく裏切りの誘惑に

駆られる思いをし、ニーズを十全に満たすに足るものは誰からも得られないせいで、あちらからこちらへと渡り歩かなければならない場合に、与える者一人ひとりは問題に対して部分的には責任を感じ、ある者は救済が差し控えられるべきだと感じているのに、別の者が与えるのだとしたら、つまり、そうすることによってほかの人物によるはたらきかけの影響を台無しにしてしまうとしたら、分別のある援助のための手段をめぐる課題が増長していることについて、理解できるだろう。……我々は、さまざまな救済機関が、労働を分配したり、そのケアのもとにある人々に必要な救済を与えたり、他の機関に別の救済事例を任せたりという計画をできるだけ立てるようにと強く願っている（●原注2）。

とはいっても、救済は多様な資源からもたらされるべきであり、それが一つの経路をとおして与えられる場合に最も効力を発揮する。

<u>第2の救済の原則は、我々は、親族の結びつきや友人関係、隣人の思いやり、さらには資源が複数におよぶことを避けなければならない点に留意しつつ、最も自然で、公的な性質が最低限にとどまっている救済の資源を見出すべきである、ということである。</u>

Ⅲ．救済を与えること、または差し控えることを決定する際の指針は、その決定が申請者の将来におよぼす可能性のある影響におくべきである。与えることが完全に区別できるものであるとしよう。こうした場合、人々は、価

原注
2：『第5回ボストン慈善連盟報告書（Fifth Report of Boston Associated Charities）』
p.31以降

第9章 救済

値のある貧しい人々に与えるべきで、価値のない者への援助は拒否すべきだ、と考える。「価値のある」や「価値のない」という言葉は、ほとんど何の意味ももたない。これは、逡巡することから我々を救い出す言い回しにすぎない。私が思うに、我々が人々に対して「価値がある」というとき、彼らは物理的な救済に値することを意味している。しかし、救済について間違いなくお墨付きになる者などいない。もし救済が計画や目的もなく与えられたとしたら、最も救済の価値のある受給者さえをも損ねてしまう。一方で、優れた訪問員は、「価値のない」と呼ばれる事例において、非常に大きな改善をもたらす、明確な道筋を見出すことがよくある。そうした訪問員は、物質的な救済が、現状を収束させるために必要な手段であることも理解しているだろう。厳格かつ迅速になされる、いかなる類型化よりも、我々の原則のほうがすぐれている。その原則とは、我々の救済は、常に事例の予後を念頭においており、受給者の暮らし向きが永続的に良くなるように入念に考え抜かれた計画の一部として提供されなければならない、というものである。何の計画もなく救済を与えることへの唯一の理由が必要となるのは、すべての事実を明らかにしたうえで、計画が案出されるまでのあいだの、現在の苦境に手を打つための「当面の救済」と呼ばれるものに対してである。この点において、救済活動は、まさに、病気の患者を治療することと同じなのだ。我々は、苦しみをすぐに和らげてくれない医者を求めてはいない。しかしながら、一方で、我々は何の質問もしなければ、患者の医学的なニーズをできるだけ早く明らかにするための計画を立てることもできないような医者を、通常は、信頼しない。我々の救済という仕事は、目的のない投薬以外の何ものでもなくなってしまうことが多い。医者のように、我々もまた、状況が変化すれば、対応の計画を変更できるように態勢を整えておかなければならない。

「主人の病気に対する年金を受給している家庭があった。それは彼が亡くなった後も、6週間にわたって継続されていた。その家の娘たちは、自分たちには少ないと感じる賃金では働こうとしなかった。なぜならば、彼女たちは今すぐに自分たちでやっていかなければならないというわけではなかったからだ」(●原注3)。

いうまでもなく、実情に基づいていない計画は、無益であることよりも質(たち)が悪い。慈善活動に従事する者は、最初の家庭訪問で劣悪な環境を目の当たりにして、一度きりの訪問で、その状態をとても酷いと感じることがある。そして救済機関を訪ねて、「私が自分で、その事例を調査したのです」と言いながら、早急に救い出すように主張するだろう。「調査」という言葉のもつ意味合いは人によって大きく異なる。ここで、いくつかの疑問が浮かぶ。ロンドンの『慈善組織レビュー(Charity Organization Review)』(●原注4)によれば、施し物を分配する者は、あらゆる所与の事例について、以下の項目を自問しなければならない。

「1. 家族の収入を増やすために何かできるか。稼ぎ手の人数を増やすことはできるか。賃金の低い仕事をしている者に、賃金の高い職業を訓練できるか。よりすぐれた手段や手立てを得る方法を、彼らに適用することができるか。
2. 現在の収入を今よりも増やすために何かできるか。例えば、
(a) 家賃として支払っている金額が多すぎないか。同程度に快適な住

原注
3:「第8回ボストン慈善連盟報告書(Eighth Report of Boston Associated Charities)」p.25
4:Vol.II,「ニュー・シリーズ(New Series)」p.224

宅を、別の地区でより安く借りることはできないか。あるいは、その家族がもっと安い住宅で過ごすことは可能か。

(b) 浪費していないか。例えば、医薬品、習慣化している質入れ、分割払いを勧める訪問販売員からの買い物、必要でないものを買うこと。夫と子どもたちは、自分の稼ぎから多くを取りすぎていないか。

(c) 頻繁に職場を変えるために、多額の金を費やしていないか。もしそうならば、家賃を上げずに、家族が職場の近くに引越すことはできないだろうか。

これらは、施し物を分配する者が自分自身の信念を貫こうとするのならば、立てなければならない問いのいくつかにすぎない。すべての事例において、自分の取り扱っている問題について<u>考え</u>、また、援助を申請している人々が自分で考えるようにもしなければならない。」

明確な計画に基づいて救済を与えることについての、最も重要な議論とは、無計画な善意による結果として、非嫡出子をもつ精神的に脆弱な状態にある女性、泥酔した父親のせいで身体に障害のある子ども、幼い時期に物乞いとなった犯罪少年、子どもから見捨てられた年老いた親という形をとって、我々の身近に存在する。ありとあらゆる形をとって現れる、人間の弱さと堕落は、何の疑問をもたない慈善によって深刻化する。

<u>第3の救済の原則は、救済は、現在の困難な状況を軽減しなければならないだけでなく、受給者の将来の福祉を向上することにも目配りしなければならない、ということである。</u>

Ⅳ. これまで述べてきたとおり、我々が救済しようとする場合には、何を措いても、適切に救済しなければならない。

「不適切な救済というものを、実際に証明してみせることのできる者などいるのか。5ドルを必要としている人に、他の誰かが4ドル50セントを与えることを信じ、また、4ドル50セントを得るためには、困窮状態にあるその人が、ありえないほどの強靱さと時間だけでなく、それよりも貴重な自立心と自尊心をすり減らさなければならないことを知っていながら、50セントを与えることを心からよしと思う者などいるのか。

どの都市であっても、1セントももらうべきではないのに、(悪影響を与えるだろうということ以外には、何の確かさも含まない)救済を受ける家庭は多く、そうした家庭の夫は働けるのに働こうとしない。気の毒な妻と子どもたちに対する憐憫(れんびん)の情から与えられた、わずかばかりのものは、実際には、彼らの困窮状態を深刻化かつ遷延化させて、夫に、夫である自分が家族の面倒をみなくても、他の誰かがやってくれることを確信させることによって、夫としての義務を果たすことを阻害するだけである。一方で、数年にわたって支援を差し伸べられるべき家族も多い。例えば、未亡人には、子どもの世話と扶養との両立はできないが、無秩序なケアを提供する施設に子どもたちを預けるべきではない。こうした家族は何も得ていないか、得ていたとしても、それが非常に少ないために何の役にも立っていない。それは、彼らを悲惨な状態に押し込め続け、見当違いの希望を抱かせるか、そうでなければ、自分たちに必要なものは施しとして請うことを教え込むために提供されているにすぎない。

慈善活動に従事する者は、より多くのものを得るのがしかるべき人々のためには、より多くことをなし、何ももらうべきではない人々に対しては

何もしない、という差別化によって財政を引き締め、そうすることによって、すべての事例に対して適切な救済をすることが可能となる、という二つの対極にある悪しき状況を改善するために奮闘してはならないのか。」(●原注5)。

適切な救済があるからといって、チャリティワーカーは<u>目に見える</u>すべてのニーズが満たされると考えてはならない。経験の浅い未熟な観察力ではとらえることができず、気づかぬうちに台無しにしている資源が存在することは、よくある。

<u>第4の救済の原則は、多くの人々にわずかなものを与えようとする代わりに、我々は自分たちが本当に助けようとする人々を適切に助けるべきである、ということである。</u>

Ⅴ. 貧しい人々の状況を改善するためになされるあらゆる努力においては、貧しい人々を我々のパートナーとしなければならない。また救済は、貧しい人々が自分にできることとして何をしているかに基づいて決定されるべきである。我々が与えるか否かについての根拠は明確に示されなければならないし、貧しい人々に不公平な取引をちらつかせることは、それがいかなるものであっても、避けなければならない。例えば、諸々の事柄のうち、教会に出席することを前提に、救済を約束することが良いように思われる場合がある。しかし、自分たちの教会だからという理由で、彼らが所属していない教

原注

5:『第23回全国慈善会議ニューヘブン大会議事録（Proceedings of Twenty-third National Conference of Charities, New Haven）』収録のジョセフィン・ショウ・ローウェル夫人の発言。1895年、p.49

会に出席するように要求したり、救済とは我々のもつ思想へと宗旨替えすることだと感じさせたりすることは、我々の影響力を弱体化させ、貧しい人々に我々への反発を抱かせることになる。

　<u>第5の救済の原則は、救済を施すか差し控えるかについて、我々の側の根拠を明確に示すことと、貧しい人々の状況の改善に向けてなされる、あらゆる努力において、貧しい人々の積極的な協働を求めることによって、彼らが物事の適切な結びつきについて理解することを支援すべきである、ということである。</u>

　Ⅵ．救済の形態は、個人の状況とニーズによって異なるはずである。当然のことながら、いかなる救済よりも、実際の労働のほうがすぐれている。そして、チャリティワーカーたちには、市場で需要のない、擬物(まがいもの)の労働に対する偏見があるように思われる。そうした労働が教育的であったり、申請者の働く意欲を見積もるために活用されたりするのでない限り、物質的な救済を与えるほうがよいとされることが多い。

　我々が脱却すべき慈善にかかわる不合理な固定観念とは、我々が与えた物を後払いと呼ぶことで、貧しい人々を貶めずにすませられるという考え方である。我々は、貧しい人々が返済しきれないことを分かっているし、彼らも我々のそうした見解を知っているだろう。しかし、こうした言葉遊びは、不当にも、いまだによく見受けられる。彼らが返済できる機会をもてるようになれば、それは非常に喜ばしい。債務ができた場合にはまた、どのような返済の約束があったとしても、負債を回収するように注意を払わなければならない。

　上記とはまた別の、慈善に関する不合理な固定観念がある。それは、金銭

よりも物品の救済が望ましいと思う考え方である。我々は、食料や衣類の入った袋や少額の燃料費には、まったく害がないと考えている。しかし実際には、金銭を与えることが不適切な場合には、金銭と同じ価値のあるものを与えることにも常に危険がつきまとう。大規模な救済協会は、生活必需品は大量に購入するほうが経済的であるという考え方に基づいて、卸売り価格をうまく利用している。しかし貧しい人々のことを考えてみるならば、現金ではなく物品を与えられることの根拠などない。それどころか、貧しい人々の多くは、我々よりも稼ぐことができる。その場しのぎの救済になるという発想から賃料を貸すべきではないが、例外となるのは、立ち退きのためにその家族の福祉が極めて危機的な状況にある場合である。家賃の滞納は、ほかの負債の滞納と同じなのだ。地主は、自分たちが損失するという危険を他の債権者たちとともに引き受けている。そうであるならば、慈善による救済も、働ける人々が、賃料の支払いから逃れるためや、あちらからこちらへと転居するために使われるべきではない（●原注6）。

　施設ケアがいちばん非経済的なだけでなく、最も不適切な救済の形態であることが明らかな場合には、我々には、その他の救済の手法を却下する正当性がある。

　施設ケアが実現不可能な場合には、長期にわたる救済が必要となる。自然発生的に存在する救済のあらゆる資源を組み合わせ、民間の年金を組み入れることを計画し、一定程度の適正な額を支給することが最善である。

<u>第6の原則は、特定のニードには最適な救済の形態を見出さなければなら</u>

原注
6：『第15回ニューヨーク慈善組織協会年次報告書（Fifteenth Annual Report of the New York Charity Organization Society）』p.44以降、p.55以降参照

ない、ということである。

　前述の六つの原則を20の原則に増やすことは容易である。しかし、本書をとおして述べてきたことは、そのように一般化すること自体が、救済が届けられる近隣や貧しい生活を送る親しい者たちの間柄について詳細な情報をもたない職員にとっては、何の価値もないということである。したがって、慈善活動の経験の浅い者は、救済活動上の疑問について、経験のあるワーカーに相談せずに決定すべきでないことは自明のことと理解できるだろう。例えば、年老いた母親と2人の子どもを養っている未亡人の家へ行く訪問員がいて、その未亡人が病気なのに、彼女が受け取っているのは、所属している協会からのほんのわずかな疾病手当だけだと知ったとする。明らかな苦境ではないにもかかわらず、訪問員はすぐに、収入が十分でないと結論づけて、最寄りの救済事務所に石炭を届けるように申し出る。実際のところ、その家族の収入は近隣の平均的な収入と同等で、その女性は救済を求めることなど考えたこともなかった。もし燃料が届けられれば、近隣の人々すべてがそれを知るところとなり、ある種の期待が焚きつけられ、ある種の思惑が倹約という習慣に取って代わるだろう。なぜそうなるのかは不明だが、こうした人々の素朴な想像力によれば、女性訪問員たちの要請による救済は、底なしのごとく備えられているように思われている。また別の、もっと難しい事例をみてみよう。この家庭では、最初に救済を受けてから長期間にわたって救済を受け続けているが、夫は大酒飲みで、家のなかはひどく汚れており、子どもたちはほったらかしにされている。そこで、彼らは直ちに支援を要請する。子どもたちは教会の日曜学校に行くための靴を必要としていたし、家賃を滞納しており、石炭は尽きていた。このような困窮状態に直面して、活動を始めたばかりの訪問員は与えるという方針をとりがちである。そして、「ほん

のわずかなもの」を与えることによって、自分の良心の呵責と折り合いをつけたがる。こうした対応こそが、貧しい人々の現状を作り出してきた。経験豊かで知性ある職員だけが、本来備わっている力による回復を機能させたり、介入によって極めて困難な状態を防いだりするほうが、どれほど賢明なのかを理解している。

　これまでの問題の一つに、救済協会に雇われている訪問員たちが、必ずしも理性的ではないということがあった。このことに関しては、大きな進展がある。現在では、多くの地域の慈善協会の職員は、仕事に対して特別な訓練を受けた、やる気と知性のある男女である。こうした職員たちは、しばしば救済の多くの資源と連携して、同一人物に救済が重複しないように取り計らえる。救済の重複した配分を防ぐことができるということは、別の誰かが同じニードを充足していることを意味する。したがって、我々の慈善活動を経験豊かな職員と相談しながら進めることには、多くの理由がある。友愛訪問が失敗を重ねてきたのは、物質的な救済をすることが単純にして明快であるという訪問員たちの誤った見立てのためであり、このためにチャリティワーカーたちは不必要なもめごとを数多く引き起こして、うまくやることができないでいたのである。

副読本
T・フォウル（T. Fowle）牧師『英国救貧法（The English Poor Law）』。M・ポリーヌ（M. Paulian）『パリの物乞い（The Beggars of Paris）』（原著フランス語、ハーシェル（Herschell）夫人訳）。『屋外救済（Outdoor Relief）』についてはワーナー『アメリカン・チャリティ（American Charities）』p.162以降。ジョセフィン・ショウ・ローウェル夫人「屋外救済の経済および倫理的側面への影響（Economic and Moral Effect of Outdoor Relief）」、『第17回慈善会議全国大会議事録（Proceedings of Seventeenth National Conference of Charities）』p.81以降。「屋外救済に関する賛否（Outdoor Relief: Arguments for and against）」、『第18回慈善会議全国大会議事録（Proceedings of Eighteenth National Conference of Charities）』p.28以降。P・W・エイヤーズ（P.W.Ayres）「仕事での救済（Relief in Work）」、『第19回慈善会議全国大会議事録（Proceedings of Nineteenth National Conference of Charities）』p.436以降。「仕事による緊急救済は適切か（Is Emergency Relief by Work Wise?）」、『第22回慈善会議全国大会議事録（Proceedings of Twenty-second National Conference of Charities）』p.96以降。

第 10 章

教会

大都市で活動している救済担当者ならば、貧しい人は直接的に尋ねられたときの答え方として、いずれかの大きな宗派とのつながりを主張したがるのを知っている。よく知った間柄になると、そのつながりが、ほとんどの場合、名ばかりであるという事実が明らかになることもしばしばある。もちろん、熱心な教会員である貧しい人たちはたくさんいる。しかし、ここ50年ものあいだのキリスト教会全支部のめざましい活動にもかかわらず、また伝道団体の増加や発展に向けた多くの紳士淑女の奉仕にもかかわらず、非常に貧しい人たちだけが依然として教会の外に取り残されたままになっている。このことを説明するならば、社会的なかかわりに恵まれていないことからくる、もっともな当然の萎縮や、貧しい人々の転々とする習癖といった、表面的な特性を考慮しなければならない。しかし私は、こうした疎外に関するまた別の重要な要因としては、教会が物質的な救済や、それを強く要求する人々に気をとられていることがあると、確信している。

　貧しい人々のなかには、教会とつながろうとする気持ちが十分に整っている者もいれば、援助を受けるつもりで礼拝に参列して司式に与(あずか)る者もいる。彼らは「利益に対してのみ信心深い」といっても過言ではない。それでもしかし、非があるのは、世間知らずの貧しい人々よりも、むしろ彼らに偽善や策略をそそのかす複数の対立する教会組織側であるとはっきり述べておかなければならない。もし教会に公正かつ健全で、畏怖させるという考え方しかないとしたら、教会そのものもまた、貧しい人たちに映っているように、自分たちの姿を見ることになるだろう。

　ロンドンのチャリティワーカーは、以下のように記している。

「私が担当する貧しい家庭の友人の1人が、とても感じの良い2人の女性が話すのを耳にした。そのうちの1人が『ねぇ、スミスさんの奥さん。今

年のクリスマスはうまくいった？』と言うと、もう1人の女性は『もう最悪。だって、救済品をろくにもらえなかったのよ』と答えた。『あら、スミスさん、それは失敗だったわね。教会の通路側へ行って座ってたんでしょう？そんなところじゃ、誰もあなたを見つけられないじゃない。教会の正面に座っていたら、私たちと同じように救済品をもらうことができたのにねえ』」

上述の文章と共通するような状況は、アメリカにおいてもみられる。ジョージ・B・サフォード（George B. Safford）牧師は次のように述べている。

　家庭は、ある教会から別の教会へと、教会とのつながりを変える。その関係は、他の関係ではあまりみられない中立性を備えている。そして一家の誰かが代表者として、いくつかの日曜学校や教会による配給を受け、偽りの信心深さを演じる術を使って、別々のところから得られるものを入手している。例えば、メソジスト派からは衣服を、バプテスト派からは食料雑貨を、長老派からは肉を、米国聖公会からはジャガイモを、ローマ・カトリック教会からは家賃を、ユニテリアン〔リッチモンドが所属していた宗派〕からは「ありとあらゆるもの」を手に入れることのできる現金を受け取っている。物乞いのような宗教的慈善の受給者は、これらのものをすべて得られるようになっている。東部のある都市では、子だくさんの一家が、幼い子どもが確実な金づるであることに気がついて、配給をしている複数の日曜学校に出席させるということがあった。こうしたことも、いまでは広く見受けられるようになっている。「夫を亡くした」母親は頻繁に改宗した。そうすることで、子どもたちは何度も洗礼を受け、恩恵に与った。さ

まざまな教会の聖職者が集まった、ある会合では、各々が失敗談を打ち明け合っていた。いくつかの教会では子どもに洗礼を授けたものの、そのことが結果として詐欺行為となる経験をしていたのだが、バプテスト派のある代表者は、これまでのところ、そうしたことから運良く逃れて、そのことに、みな胸をなでおろした。ところが彼は、母親に洗礼を授けたのだ、と苦々しく打ち明けた（●原注1）。

　私の街で、ある家族が自分たちの子どもではない幼い子を、いろいろな教会で何度も洗礼を受けさせることで収入源にしていた。三つの米国聖公会教会に属していた3人のチャリティワーカーたちは、記録を見比べて、自分たち3人が1人の子どもの教母〔カトリック教会での洗礼の女性の証人〕になっていることを知り非常に驚いた。

　しかし、ここで示したような事例を増やしてはならない。上述のような経験は、ほぼすべての教会で見受けられるわけだが、うまく欺くこと自体が、欺いた本人に悪影響をもたらすことは火を見るより明らかである。私は、こうした人々が、貧しい人々全般と比較すれば数字上では取るに足らないにもかかわらず、今なお、キリスト教徒の信心の確固たる対象であることや、教会が貧しい人々を甘やかせることに多くの時間を費やしているせいで、自尊心の高い困窮者がしばしば離れていくことといった重要な事実には言及していない。貧しい男性が、何かをもらおうとしていると思われたくないので教会には通わない、と話すのをよく聞く。彼がキリスト教徒はたんにだまされやすいだけなのだと気づいたとしても、彼らへの尊敬の念を高めることにはならない。むしろ教会のワーカーが怠惰や飲酒、犯罪を助長しているのを目

原注
1：『チャリティーズ・レビュー（Charities Review）』Vol. Ⅱ、p.26以降

の当たりにして、義憤にかられることだろう。放浪癖のある者たちのあいだでさえも「布教活動だのみの物乞い」として知られている者は、見下される。この単純な事実に、伝道ワーカーの学ぶべきことが含まれている。

　家庭での布教活動について率直に書くのは、したがって、私がキリスト教の聖職者が取り組むあらゆる困難に目を向けていないからではない。彼らは他の者と同様に、見境のない救済によるリスクを引き受けている。また多くの聖職者は、自分たちの教会が効果のない施し物を配分する慈善という単調な仕事から、貧しい人々のニーズに対して積極的に向き合うという方向へ舵を切ることについて不興を買ったり、誤解されたりする危険性も負っている。キリスト教徒の聖職者が抱える困難には二つの要素がある。彼らの第1の義務は、人間の本質である利己的で怠惰な部分に打ち勝つために、教会員の慈善の心を涵養することである。また、誰かのために何かをしたいという気持ちをうまく喚起できたときには、この新たに目覚めた欲求を行使するのに相応しい機会を提供することが求められる。いまや個人の慈善という側面の発展からは、人類の進化をみてとることができる。個人個人は、せいぜい、貧困に対する感傷的で恩着せがましい見方をゆっくりと広げているにすぎない。この段階から教会員たちを有能なワーカーに仕立て上げるためには真の指導力が求められるが、それは彼らの流儀でやらせるよりもずっと容易い。最終章で確認するように、救済活動は、たとえうまくいったとしても、あらゆる慈善活動のなかで最も難しい。しかし未熟なワーカー10人のうち9人は、貧しい人々を助けるうえで、それが最も効果的で簡便な手段であると、また実際問題としてもそれが唯一の手段であると考える。

　いずれにしても、難しい。しかし、苦難に忍耐が伴わないならば、それは、貧しい人々を教会に引き寄せるための正当な手段として救済をとらえる、ただの物質主義である。福音派の団体による救済は、役立つどころか障壁にし

かなっていない。つまり、粗悪な安物を手に入れなければ、キリスト教を買い求めることはできない、というのである。それでいて、以前は協働に向けて努力していたのに、今では競争相手である同じ貧しい近隣で活動している教会間との争いが熾烈になっているために、今日の協力関係は、さもしい意地の張り合いとしか映らない。前のカンタベリー大主教は次のように述べている。

> 本来は道義に基づくべきなのに、衝動のままに金が使われているのであれば、それは浪費である。考えうるかぎりで最もひどい浪費は、2ないし3の宗教団体が、片方の目を援助する人々の状況を改善することに向け、もう一方の目を貧しい人々を自分たちの組織の仲間内に引き入れるために向けている場合に生じる。ある大家族の1人が強く思い立って、その家のほかの者たちも、自分たちの暮らす地域で本当のまっとうな人間になりたいと強く願ったとしても、宗教団体がそのように機能しているのであれば、私に言わせれば、それは浪費どころか、想像しうるなかでも最も悪質な不徳以外のなにものでもない。それというのも、ある詩人が書いているように、「聖水が災いをもたらすような状況で、いったい何を祝福するというのか」だからである。不徳がもたらすのは、ありうるなかで最悪の状態である。それというのも、最も崇高な思想が、価値の低い目的のための単なる手段として使われているからである（●原注2）。

救済を賄賂として使うことによってもたらされる結末として、施し物に

原注
2：『ロンドン慈善組織協会不定期論文集（Occasional Papers of the London Charity Organization Society）』p.35

は、貧困から救ったり、受給する者が自立に向けて立ち直ったりするという独自の目的を果たすことができなくなることがある。それゆえ救済を賄賂として使うことは、不適切なのである。

> 「私はある聖職者に、20シリングが必要とされているところに1シリングしか与えないことは何の役にも立たない、と抗議したことがある。彼は、もし特定の事例に対して他よりも多くの救済を与えると、地区の訪問員と教区民とのあいだにねたみが生じることになるので、2シリング6ペンスが一般的にみた限度額なのであって、私たちと同じように活動して、十分な救済を与えることはできないと言った」(●原注3)。

救済の自然発生的な資源を挙げるとき、私は、親族、友人、近隣の人々に次ぐものとして、教会を位置づけてきた。教会が、援助を必要としている大勢の人々に対して中途半端な施しを与える、一般的にみられる救済機関と化している場合には、自然発生的な救済の資源とはいえない。教会は、信仰心から奉仕を求める人々にとっての自然発生的な救済の資源となる。お互いになくてはならない関係となったとき、教会は、個別に、愛情を込めて十二分に彼らに手を差し伸べることが許される。そうなれば教会は、教会員の枠を超えて、物資による救済を与える業務を何の問題もなく引き受けられる。このことは、貧しい人々の別の計画を進めていくなかで付随する。付随する、というのは、例えば、家庭の状況を改善するための訪問員の計画をさらに拡大するという観点を備えた友愛訪問の活動に対して付随する、ということで

原注

3:『慈善組織レビュー(Charity Organization Review)』Vol.X、p.538. ロンドン在住のピクトン女史

もある。しかし施し物は、改宗することへの猜疑心と切り離されていなければならない。

　プロテスタントの多くは、ローマ・カトリック教会が非常に貧しい人々に対して教会からの支援に恩返しするよう要求していることを非難している。彼らがよく知らないなりにも非難しているのは、ローマ教会が人々への影響力を強めるためにとった、最も大胆な手段の一つである。貧困状態にあるローマ・カトリック教徒は、プロテスタントの貧しい人々よりもはるかに強く、教会を自分たちのものと感じており、また自分たちに対してだけでなく、自分たちをとおした力が存在していると考えている。プロテスタント教会も貧しい人々に対して同様に強い影響力を獲得してきたが、そこで彼らが求めたのは、忠誠心と献身だった。

　過去から現在に至る教会による慈善の手法にかかるあらゆる問題点について述べてきて思うのは、もし貧しい人々が適切に慈善によって助けられていたとしたら、その発想の源は教会から生じていることを認めなければならないということである。教会はいつでも慈善活動の主たる原動力であったし、これからもそうである。いくぶん大げさではあるが、慈善に関する取組みと、慈善の試みという観点を拡大していく際に、教会が先駆者となることを私は信じている。教会は、あるいは教会でないとしても、本書で述べてきた手法を受け入れることを認めなければならない。教会であること、または教会ではないことにかかわらず、我々は組織化された献身的な活動を追求しなければならない。そうした活動こそが、貧しい家庭の子どもたちを強欲やネグレクトから守ることになるし、よりすぐれた衛生や教育の改革を推し進めて、人々にもっと高潔で品位ある楽しみを提供することになるだろう。そうして時間とともに、人々に近代的な生活のすぐれた点をもたらすこととなる。教会は、こうした活動において先駆的な存在なのである。今日、幼稚園が公的

な学校制度の一部となっている都市では、最初の無償の幼稚園は教会によって支援されていた。さらに現在、教会から市民へと分離している大規模な慈善活動も、試行錯誤の段階を乗り越えるまでは教会からの支援を受けていた。宗教とは関係のない組織でさえ、今も、慈善活動に対する正しい精神をワーカーたちにもたらすことができる教会を頼みとしている。

　慈善団体を必要以上に増やすかわりに、都市の教会は、自分たちの精神面の活動によって、都市の慈善と強く結びつくことができるという利点に目を向けるべきだろう。東部のある都市で精力的に活動する教会を受けもつ、ある聖職者は、教会学校、教会団体、教会施設を切り分けることに着手する計画を放棄した。それというのも、これらの多くは不必要で、また必要としている人たちがいたとしても、十分な支援が提供できていないことに気づいたためである。その代わりに、彼の教区の人々は、状況に応じて、病院、子どものための慈善団体、困窮者のための訪問活動団体、救貧院、高齢者施設に送致されている。このような計画には、緊密なかかわりや、団結力が欠けている、と異議が唱えられるかもしれない。しかし、教会では頻繁に教会員の集会が開かれており、そこでは友愛訪問員や病院のワーカー等として活動するために派遣された人々が、教会と牧師に活動を報告している。それぞれが、こうした形で他者のはたらきについて学ぶ。貧しい人々に対応するための都市による計画の弱点は明らかにされている。そして、教会は一致団結することによって、必要とされる改革を果たすことができる。そのはたらきは、説教台から伝えられたように、福音を実践的に適用することとして理解される。そのことによって、教会という共同体における精神と社会生活とのあいだに、自然発生的で力動的な結びつきが形成される。この他にも、二つの利点があることがはっきりしている。計画のもつ柔軟性によって、多種多様な能力に適した仕事を見つけられるし、あらゆる宗派の対立や、つまらない妬

みを避けることができる。

　こうした教会に所属する友愛訪問員は、他の教会から貧しい人々を奪い取ろうという考えをもって彼らを訪問したりしない。また、そうした訪問員は、教会とのつながりの重要性を理解しているので、貧しい人々と教会との関係が断絶しているのであれば、家庭がもともと所属する教会や日曜学校の礼拝に参加するようにはたらきかけ、両者の関係の再構築に努めるだろう。訪問員は家族の福祉を増進させるうえで、その教会の牧師の手助けを求めるだろう。このようにして、多くの宗派の教会とのあいだの協働の精神が高められる。

　私にとってみれば、別の問題に触れずに、ここでの議論を終わらせるわけにはいかない。しかしながら、そのことと友愛訪問とは間接的に関係しているにすぎない。神学校の牧師養成に、慈善活動にかかる徹底した教育課程を加えるべきである。このことによって、牧師が最も適した方法によって人々が活動するように導けるようになるだけでなく、そうしたサービスの範囲や限界について明確な見通しをもたずに社会の諸条件を改善すべく奮闘する実直なワーカーが抱く失望感から、彼らを救い出すことになるだろう。神学校における体系的な教育課程を確立する試みにおける指導力のために、学びの経験や機会を活かせる聖職者は多い。教会による慈善における、さらなる高度な指導力の必要性を信者から求められることは、また、応用的な慈善事業について、通常の神学課程への導入を促進させることにつながる。

第11章
友愛訪問員

ここまでの章で、私は、多くの具体的な提案をしようとしてきたが、いうまでもなく、いずれの訪問員にとっても役立つのはそのうちのいくつかにすぎないし、一つの家庭にすべてを適用すれば、非常に望ましくない事態をもたらすことになる。具体的であろうとするあまり、「オオサンショウウオを捕まえる」とか「エンダイブ〔サラダ用の植物〕を一枚摘む」のように、手に入らないものを指示する料理本のように躍起になってしまい、いらだたしく感じさせているのではないかと不安に思う。料理本には、それをうまく活用する方法というものがあって、自分には不必要な料理の手順をとばすことに長けている料理人であれば、他のものでもうまく作ることができる。

　友愛訪問員を楽しげな気晴らしとして描く危険性を避けるため、私はまったく違った方向へいってしまったのかもしれないし、努力を要する骨の折れる専門職の代表格として表現してきたのかもしれない。専門的な訪問が友愛的になりえないことは、こうしたことからはずっとかけ離れたところにある。実際のところ、友愛訪問は、本書ですでに描いてきたことのいずれでもない。それは、救済によるすぐれた手段ではない。それは、仕事を見つけることではない。それは、子どもを学校に通わせたり、子どもに職業訓練を受けさせたりすることではない。それは、衛生的なしつらえに改善したり、病人を看病したりすることではない。それは、清潔や、経済的な調理の方法と買い物をすることについて教えることではない。それは、倹約という習慣を後押しすることでも、健全なレクリエーションを奨励することでもない。これらのうちのいくつかはそうなのかもしれず、またこれらのすべてがそうなのかもしれないが、友愛訪問は常にそれ以上の何か、なのである。友愛訪問とは、貧しい家庭の喜びと哀しみ、考え方、感じ方、そして生活に対する全体的な見通しについての身近で継続的な知識と共感を意味する。これを持ち合わせている訪問員は、救済やその他の小さなことで大きな失敗をしにく

第11章 友愛訪問員

い。これがなければ、訪問員は家庭の構成員との何かしらの慈善的関係において、まず間違いなく重大な誤りを犯すことになる。訪問員たちが、特定の家庭に対する友愛的な感情があって、家庭の訪問を止められないにもかかわらず、自分たちが何か特別なサービスたりえているのか分からない、と私に言ったことがあった。これらの、取り立てて語る逸話もないような訪問員たちこそが、最もすぐれた仕事をしていることは、よくある。フランシス・スミス（Frances Smith）女史は、「4年余り前に、ある女性が私たちのところに来たのだが、それ以来、会うことはなかった」と書いている。「しかし、我々は、ごく通常のこととして、彼女のことをしっかりと心に留めていた。この女性の生活に漂うある種の気品と努力を見出したときの、さらには彼女の表情と立ち居振る舞いに気づいた、その家庭の訪問員のものにも似通った、我々の驚きを想像してほしい。そうした変化は、数週間や数か月間でなされうるものではない。それらはゆっくりとした成長ではあるが、友好的な関係において、これに優る見返りはない」（●原注1）。

友愛訪問の見返りとそうした仕事における最高の結果を、小冊子の助言に求めることができないのは明らかだろう。オクタヴィア・ヒル女史が述べているように、このことにおける成功とは、あらゆるものの理（ことわり）のうち、家事を始めたばかりの若い女性の状態にみることができよう。「彼女が必ず知っておくべき特定の事柄を、うまく仕切ることができるか否かは、主には、彼女が何者であるか、ということにかかっている」のだ。生活は、しかるに最良の学校なのである。おせっかいであること、推しはかる力がないこと、結果をすぐに求めようとすること、契約と約束の保持を軽視することは、どこで

原注
1：第22回慈善会議議事録（Proceedings of Twenty-second Conference of Charities）、1895年、p.88

もそうであるように、ここでも命取りとなる。

　我々が家庭の厄介事に押しつぶされそうになりながら、解決策を見出そうと必死で奮闘しているとき、その家庭の厄介事は他のどのような問題とも全く違って見える。実際に、それらは違っているというのが正しい。しかし、大陸を隔ててもなお、人類においてある種の類似点というものがある。そして慈善を原則によって運営することは危ういが、それよりもっと危険なのは、特定の一般的な原則に照らすことなく運営することである。本書の助言の多くは普遍的に応用できるものではないが、少し身近に引き寄せて、相当程度を普遍的に友愛訪問へと応用しうる、いくつかの原則を整理することを試みたい。

　1．友愛訪問員は、家庭のすべての構成員と、信頼を強要するということのないようにしながら、十分に親しくならなければならない。初心者の誤りは、信頼と親しみの自然に育まれるのを待とうとしないことにある。バートウェル（Birtwell）女史は、「彼らは、1か月間のうちに6度、貧しい家庭を訪問したがる」と述べている。「そうして、貧しい家庭の人々が助けられるのをその目で見たがるのだ」。いったい、我々のうちの誰が、1か月間の友情で自分の人生が大きく影響を受けたというのか。私は、その後、数年にわたって記憶に残る、気持ちに印象づけた説教を、一度だけ、聞いたことがある。その主たる考え方は、自分の影響力を行使する前に、獲得せよということであった。多くの人々が、自分たちが貧しい家庭を訪問することができたなら、そのすぐれた教育と文化という美徳でもって、直ちに、非常に強い影響力を発揮できるに違いないと考えているように思われる。そのようなやり方では、影響力など持てるはずもない。友愛訪問員は、我々の友人が我々に対して影響を与えるように、長期にわたる忍耐強いかかわりと、ゆっくり

とした自然な友情の醸成によって、影響力をもつようにならなければならない〔●原注2〕。

　我々が多くのことをなそうとする場合には、根気よく取り組むことが難しく感じられる。とりわけ実際的なニーズのある場合には、困難を伴う。しかし訪問員たる者、その家庭を生きながらえさせる影響力、慈善ないしその他の代わりとなるようには、行動したりはしない。訪問員は、関心を寄せている、あるいは関心をもつ可能性のある救済の資源と協議すべきではある。けれども、そうしたことよりも、何が正しいのかを自分が納得できるまでは、何もしないという勇気をもたなければならない。

　多くの家庭を訪問することはできない。通常は、2件以上4件以下を上限とすべきで、1件以上の家庭を訪問することにははっきりとした長所がある。2件の家庭を訪問することには、訪問員が家庭を知る初期の段階で、熱心になりすぎるのを抑制するという利点がある。2件の家庭の対照的な側面と類似点から、訪問員は、原則についてよりよく理解するようになる。新米の訪問員が家庭の訪問回数が多くなるという誤りを犯しがちになる一方で、担当の慈善訪問員が多くいすぎる家庭もある。ニューヨークのある訪問員は、3人の慈善ワーカーがいる家庭を訪問することを拒んで、後になって、あれは賢明だったと評価された。訪問回数が明らかに多い家庭があるので、慈善という面から彼らに関心を寄せる者ならば、当面は、家庭をそのままにしておくことが勧められよう。

　いうまでもなく、慈善活動は冬季に限らない。貧しい友人たちは、夏季にも我々を必要としているが、多くの慈善はその時期には活動的でなくなる。

原注
2：「国際慈善議会議事録（Proceedings of International Congress of Charities）」『慈善組織（Organization of Charities）』p.21

我々が夏季に街を離れているときには、手紙を書くことができるし、短期間、街に滞在しているときには、訪問する時間を頻繁に取ることができる。慈善になりうる唯一の時期は寒いときだけだ、という因習に、慈善活動は囚われている。

継続して訪問することに次ぐ、親しくなるための方法として、訪問時に、自分自身の関心を持ち出すことの影響力がある。「貧しい人々と我々とのかかわりにおいて、我々はそうあるべきとされるほど大っぴらに、自分自身を開け広げているわけではない。彼らについて知ろうと一生懸命になるあまり、我々は、彼らもまた我々について知りたいと思っているかもしれないことを忘れている。いつも同情を寄せる代わりに、我々のほうが何かを聞かれることがときおりあるとしたら、それは望ましくないことなのだろうか。我々が自分の友人の喜びや哀しみについて彼らに話せば、それはほとんどの場合には関心を得られるし、そのあとで、彼らがどのように反応するかを書き留めるために、どう思うか聞くことはよくある。そうした中立的な関係は、彼らのつましい生活に広がりをもたせ、彼らと我々とのかかわりをより人間味あるものにする。夏のあいだ、他の訪問員の家庭を引き受けたものの、訪問の間隔を空けすぎたある訪問員は、以下のように記している。『あなたの担当する家庭を訪問するにあたって、私にとっての関心と喜びが何だったかお伝えしたいと思います。それは、彼らが本当に価値をおいているらしいのは、あなたが彼らに向けている個人としての友情であり、あなたが自分自身と自分の旅行について彼らに話した、ほんの些細なできごとを彼らがいかに大切に胸にしまっているかということです』」(●原注3)。

原注
3：『第11回 ボストン慈善連盟報告書（Eleventh Report of Boston Associated Charities）』p.31

こうした心構えで訪問する者は、確実に、仕事からもたらされる喜びと学びをより多く得られる。実際に恩恵を受けているのは、訪問される家庭に限らないのである。

　2．家庭を理解することにおいて、訪問員には家庭の状況を向上しようという確たる目的がある。このことは、彼が家庭の来歴の主たる事実について相当に正確な知識を持ち合わせていなければ、不可能である。チャリティワーカーたちが、個々の家庭についての助言を求めて私のところへやって来ることはよくある。そして、数分間の会話をとおして、彼らは自分が手を差し伸べようとしている人々の状況について何の知識もないことに思い至る。例えばそれは、一家の主人が病気で、家族が迅速な助言と主人を救うための最善の策を期待している、といったことである。しかし、チャリティワーカーたちは、主人を治療する診療所の医師に会ったり、彼の病気の本質を見極めるために何らかの方法を取ったりする手間を省いている。あるいは、その家の息子が働きに出ているのに、チャリティワーカーたちは、その子どもの以前の雇い主に会っていないので、彼が稼げる能力や身元照会について一切知らない、ということもある。慈善の技術とは、善意による魔法の類ではない。それは、常識に基づいたものであり、生活の事実との緊密なかかわりのなかで機能しなければならない。このことを見て取れる別の形の他の友愛的な関係や我々の慈善活動においても、我々が最善の援助のあり方を考え出す前に、訓練された職員の調査あるいは我々の照会によって、事実を整理しておくことが求められる。慈善組織協会の指導のもとで訪問する利点の一つは、訪問員が派遣される前に、その家庭の状況について徹底的な調査がなされていることにある。

　以下は、家庭に役立つように計画が立案されるにあたって知っておくべ

き、諸事実の概要である。

(a) 社会面の経歴――名前；年齢；出生地；婚姻状態；使用されている部屋の数；学歴；子どもの学校；親戚および友人の氏名、住所、および状況；教会；以前の住居。

(b) 身体面の経歴――各家族員の健康；医師の氏名；生活習慣。

(c) 職歴――職業；現在および以前の雇用主の氏名と住所；通常はどれくらいの期間にわたってどの季節に就労しているのか；働き手一人ひとりが稼げる能力。

(d) 金銭面の経歴――賃貸料；地主；分割購入を含む負債；役立つ団体；労働組合；生命保険；質札；一家が貯蓄をしたことがあるか、あるとすれば、いくらか；現在の貯蓄；収入；現在の賃金以外の生計手段；年金；救済、資源、量；関心を寄せている慈善。

　一家の主人の概略的な経歴は、これらの客観的な事実に加えて、一家の主人の意向や心積もりに関する情報を含む、あらゆる事実によって完成する。親戚と友人の意見、最善の救済に関する彼らの持論、彼らが実行すると固く決心した約束、牧師または教会学校の教師、医師、以前の雇い主、以前の地主の見解、慈善的な側面から関心を寄せている者の意見と経験もまた、効果的な計画の立案に先立って必要となるだろう。

　現在の雇い主や地主への問い合せは、細心の注意を払って行われなければならない。そうなった場合に、彼らは我々が手を差し伸べようとしている人々に対して偏見をもつようになるかもしれないからである。

　ここに示した、必要な事実の要点は、家族との関係上、調査が難しくかつ望ましい結果が得られない友愛訪問員よりも、有能で訓練を受けた職員によって、記録されるのが最もよいだろう。しかし、徹底した調査のすぐれた点は、一度実施すれば繰り返す必要がないことと、際限なく続く不手際を防

ぐことによって、家族を多くの慈善による干渉から守ることにある。詮索好きのように思われる特性が正当化されるのは、人の秘密を暴露する目的で行われているのではないという事実によってであって、いかにして彼らに手を差し伸べるかを見出すという目的だけでは十分ではない。

　3．貧しい人々に関する事実を、彼らに役立つように活用するための努力を払うことなく収集することは、種を蒔いてもいないのに大地を嘆くことと比べられてきた。事実は、十分に考え抜かれた計画の根幹をなす。環境が変わるたびに、あるいは新しい事実が明らかになるたびに、計画を頻繁に変更することが求められるだろう。しかし、かかわりに関する計画は、医者のそれと同等に、チャリティワーカーにとって不可欠である。我々の計画から、自助のための家族の資源が見落されてはならない。外的な援助が必要ならば、仕事や学校における新たな努力や、訓練を受ける意志、清潔さを保つこと、あるいは自分たちが向上することを後押ししている家庭内での何らかの進展といったものに応じて、条件的に対処されるべきである。これらすべては、救済の条件を難しくするという観点からではなく、テコ入れとして救済を活用するという考えから提言している。あるいは、すでにかかわりをもっている者がいるのであれば、我々は自分たちの援助を支えというよりも手段とすべきである。そうしてすべての実際的かつ合理的な条件の一つひとつが、手段としてまとまりをなす。

　一つの家庭に役立てるための計画が、他の家庭に対する我々の活動に生じさせる影響力を看過してはならない。これは、学びとるのが難しい課題で、街に貧しい家庭が一つしかないのであれば、計画は親身で効果的なものとなるのかもしれない。けれども、多くの場合は、不公平で、残酷なものとなる。というのは、計画が、他の者たちに、決して満たされることのない希望を抱

かせることになるためである。換言すれば、我々はまさに、情に厚いだけでなく、度をわきまえていなければならないのだ。近隣や、他の貧しい家庭の状況についての知識は、計画の正当性を判断するうえで欠かせない。そしてここでも、経験豊富なチャリティワーカーの批判的にものごとを見る力と助言が非常に役立つ。

　目下の危急の事態を除いては、調査もせずに自分たちの計画を立てることを慎まなければならない。我々は家族の将来の見通しを持ち合わせていなければならないし、火急の窮乏状態から彼らを抜け出させるための見通しだけでなく、可能であれば、彼らが恒久的に自立できるようにする最もすぐれたものは何なのかを考えなければならない。いうまでもなく、完全に自立することができない家庭も存在する。これらの家庭は、我々が、たんに、外部の機関を提供することが最善だと思われる事例としてとらえている場合には、例外となろう。しかし、そうした家庭の福祉にかかる計画を立てるにあたっては、我々は、可能な限り定期的かつ組織的な援助を整えなければならない。不確かで長続きしない慈善に依存させることは、慈善的な資源に完全に依存しなければならないということに次いで、最もやる気を奪う。

　4．困窮状態の原因を取り除く方策を見出す計画においては、最も忍耐のある者が必要とされることと、我々がうまくやれるのだとすれば、慈善という面から関心を寄せている他者と協働しなければならないことも、理解しなければならない。ある家庭にかかる我々の計画が恒久的に役立つと根拠をもって示すことができれば、仕事を成し遂げるために、共に働く人々を説得できるようになるだけでなく、我々は一般的に受け入れられやすい方法で他者を教育することにもなる。重要な局面で説得する際の協働の価値については、「第14回ボストン慈善連盟報告書（Fourteenth Report of the Boston

Associated Charities)」に実例が示されている（●原注4）。「ある上品な女性がいた。彼女は、精神に異常をきたした夫と、自分と娘たちとを一緒に養っていけるように、自分たちと近隣とを大きなリスク状態におきながら、1年にわたって奮闘していた。彼女は数日をかけて、夫を精神病院に入院させるように説得された。いうまでもなく、素人であったなら、我々の意見は重視されなかっただろう。しかしながら、医師の見解や彼女の友人の意見を集めたところ、彼女はすべてをひとりで聞き入れて、長期的ではあるけれども必要な段階へと移行することを十分に理解した」。

　5．我々が自立へ向けた計画を立てたとしても、友愛訪問の範疇には、唯一の計画などない。最もすぐれた訪問として、家庭がもはや困窮状態ではなくなってから行われるものもあるだろう。慈善の記録における「終結──自立」という項目は、友愛的な援助がより進展する可能性を認識している者にとっては、納得しがたい響きを帯びている。家庭が慈善的な救済がなくても生活していくことを体得した後には、その家族員に、消費と節約の簡単な方法や、より好ましいレクリエーション、より健康で清潔な環境を伝える格好の機会がある。

　6．友愛訪問員としての我々の仕事は、非常に個人的なはたらきであり、他の慈善とは違って、それのみで最善を尽くすことができる。我々は2人ないし3人連れで訪問してはならないし、貧しい友人について我々と貧しい人々との関係が損なわれない場合以外には、慈善的に関心を寄せる人々に多くを語ってはならない。貧しい人々への訪問にかかる地区制度は、いまだに

原注
4：p.27

ドイツの町とイギリスの教区の制度にのっとっていて、特定の地理的な境界に各訪問員を割り当てている。これは「空間的制度」と呼ばれ、友愛訪問の「事例的制度」とは対照的である。それに対する主たる異議は、十分に個人的ではないことである。通り一帯の友人である者は、いかなる特定の家庭の家族員からも、特別に所属していると思われてなどいない。さらに、友愛訪問の計画では、回避することのできるような、より公的な関係や小さな嫉妬心や近隣での争い合いの危険が存在する。

　地区訪問員は、友愛訪問員の先駆者である。年老いた農夫に薄いスープをよそうこと、病床の脇で本を読み上げること、貧しい家庭の子どもたちに暖かい洋服を縫うことは、しかるに、我々の先人が社会状況の表面をさっと掬い取ってきたということなのだ。人間の同情と思いやりという大切な荷物を我々に手渡した人々のはたらきを軽んじているかのように語るのは、不適切なのかもしれない。我々には、より大きな責任の重圧と、より深刻な問題と、途方もない努力を要する理想が押し付けられているが、我々はまた、数百年前には思いもよらなかった強みを手にしてもいる。今日、我々が慈善的であろうとし、かつ実践において影響力を行使するあらゆる能力をもとうとするならば、我々には、以前にはたった一つしかなかった役立つ方法が、何百通りにも開かれているし、何百という機関が援助するための準備を整えている。我々は、他者とどのようにして働くかを習得しなければならないし、進展に向けて創設された諸団体とどのように協働するかを理解しなければならない。正確に理解された友愛訪問とは、これらすべての団体の価値を熟慮し、より良くかつ広がりのある人生へと向かうありふれた市井の人々が前に進むことを後押しするために、民主主義という時代精神をもって行動することをさす。

第11章　友愛訪問員

副読本

『友愛的または奉仕的に訪問すること（Friendly or Volunteer Visiting）』ジルファ・D・スミス（Zilpha D. Smith）女史、第11回全国慈善会議議事録（Proceedings of Eleventh National Conference of Charities）p.69以降。『友愛訪問（Friendly Visiting）』マリアン・C・パトナム（Marian C. Putnam）夫人、第14回全国慈善会議議事録（Proceedings of Fourteenth National Conference of Charities）p.149以降。『友愛訪問研究のための教室（Class for the Study of Friendly Visiting）』S・E・テニー（S. E. Tenney）夫人、第19回全国慈善会議議事録（Proceedings of Nineteenth National Conference of Charities）p.455以降。『友愛訪問員の教育（The Education of the Friendly Visitor）』Z・D・スミス（Z. D. Smith）女史、第19回全国慈善会議議事録（Proceedings of Nineteenth National Conference of Charities）p.445以降。『友愛訪問（Friendly Visiting）』ロジャー・ウォルコット（Roger Wolcott）夫人、1893年国際慈善議会議事録（Proceedings of International Congress of Charities、1893）、『慈善組織（Organization of Charities）』の巻 p.108以降。また、同巻の p.369以降のF・C・プリドー（F. C. Prideaux）女史と p.15以降の議論。『家庭への継続的なケア（Continued Care of Families）』フランシス・A・スミス（Frances A. Smith）、第22回全国慈善会議議事録（Proceedings of Twenty-second National Conference of Charities）p.87以降。『社会的な影響力としての友愛訪問（Friendly Visiting as a Social Force）』チャールズ・F・ウェラー（Charles F. Weller）、第24回全国慈善会議議事録（Proceedings of Twenty-fourth National Conference of Charities）p.199以降。『交際における流儀（Company Manners）』フローレンス・コンバース（Florence Converse）、『アトランティック誌（Atlantic）』1898年1月号（この話は連盟を形成する慈善の方法を正確に描いていないが、間断的に訪問することの危険性の一面を突いている）。

補遺

ここまで述べてきた友愛訪問に関する事例は、訪問活動の特徴的な部分を浮き彫りにするという観点から示されたものである。以下に提示するいくつかの事例をとおして、継続的に訪問することについての可能性と課題を明らかにする。特に最後の事例は、貧しい近隣の人々の生活に関する重要な事実を強く訴えている。それは、いわゆる無意識に生じるものではあるが、自制心のある前向きな善き隣人の影響をさす。この主題と同様の内容については、チャールズ・ブース（Charles Booth）の『ロンドン民衆の生活と労働（Life and Labor of the People）』の第1巻、159ページを参照されたい。

　<u>家庭文庫と訪問員</u>——ある訪問員は次のように報告している。「その文庫は、ＸＸＸ婦人の部屋に設けられており、安アパートで暮らす少年たちが毎週土曜日の午後に集まって、本を受け取ったり交換したりしている。そして訪問員と共に、少年たちが読んだ本について話し合ったり、読み聞かせをしたり、ゲームをしたりしている。この小さな集まりは安アパート全体の道徳と社会的な風潮を改善しているように思われる」。

　家庭文庫を管理しているその女性が最初に訪問員と顔なじみになったのは、4年以上前のことである。当時、彼女は貧困に陥るぎりぎりのところで生活苦にあえぎ、失望のあまり、自分と2人の子どもの世話のために努力することをあきらめかけていた。訪問員の尽力のおかげで、今では彼女は落ち着いて、実質上、自立した生活を送っている。訪問員の後押しで、彼女は安アパートの図書館員になり、その特別な取り計らいに喜びを見出している。以下に述べる話は、その訪問員が表現したままの言葉による。「彼女は、すみずみまで清潔で居心地良く整えた自分の部屋に、子どもたちを快く受け入れています。彼女は座って自分の仕事をしながら、子どもたちのゲームや本を読む様子に耳を傾けていて、彼女自身もそれに参加することがよくありま

す。そうすることで、彼女の滅入った気分が晴れ、勇気づけられて、結局のところ自分の人生のなかの輝きに満ちあふれたものを感じ取っているようでした」(●原注1)。

　5年後——父親と母親、8人の子どもがいるC家と私が最初に親しくなったのは5年前のことで、当時、一家はひどい窮乏状態にあった。父親は肺病を患っており、郵便配達員の職を失っていた。母親も病にかかっていた。唯一の収入源は月に一度の年金8ドルと、毎週約8ドルで、これは、年長の3人の娘たちが女性販売員として働いて稼いでいた。家賃は1か月15ドルで、家族は多額の借金を負っていた。私は彼らが1か月9ドルで暮らせる家を見つけて、小麦粉、石炭、衣類の援助も探し出すことができた。匿名の友人がC氏の年金に1か月あたり1ドルを追加することを引き受けてくれたため、家賃を支払うことができた。娘たちが病気になったときに二度ほど、ゴールデン・ブック基金（Golden Book Fund）が救済のために訪問し、一時期の不足分を補充した。私は、C家の努力によって彼らの住まいが保たれていることが素晴らしいと伝えようとした。初めに、1か月に1ドルが贈与金として給付されることがかなった。次に、娘たちの賃金が上がったので、燃料を提供する必要はないとC夫人が私に伝えてきた。彼らは、まさに自分たちの力で生活しようとしていた。ある夏、私がしばらく留守にしていたあいだに、一番年下の子どもが亡くなった。家族は、かなり節約して、葬式にかかる費用を支払った。娘たちは毎年、YWCAのフレッシュ・エア基金の厚意で、田園地帯の友人たちのもとへ出かけている。年少の子どもたちも、一度、子

補遺

原注
1：『第16回シンシナティ慈善連合報告書（Sixteenth Report of Cincinnati Associated Charities）』p.13

どものための「農村の家」へ出かけた。両親は、依然として病気がちであった。しかし、娘たちの賃金が少しずつ上がるようになると、私はC夫人から、病気のとき以外はこれ以上の援助は必要ないと言われた。1891年には、C氏の年金は2倍以上になっていた。しかし、すべての借金を返済し、医者にかからずにすむようになるまでは、彼らは引き続き貧困状態にあり、ごく普通の地域住民であった。昨年の夏、住みやすい通りにある大きな家へ引っ越し、家賃の半分以上を十分に支払えるように、間借り人をおくことにした。C氏の健康状態は上向き、彼は1か月25ドルと食事付きの、簡単な職に就いた。一番上の娘は良縁に恵まれて結婚した。他の2人の娘はしっかりした働き手である。今、私の古い友人たちは、元気にしている。我々は、顔を合わせられないあいだも、定期的に連絡を取り合ってきた。C夫人はさまざまな困り事について私に相談するようになった。そして、私が彼女の努力を分かち合うことにどれほどの喜びを感じているかについても知っている。ー『チャリティーズ・レコード（Charities Record）』Vol. I、No. I、ボルチモア。

　困難を耐え抜く——大きな失望に直面したとしても粘り強く思いやりをもって訪問することの重要性とその価値には、年を経るほどに、ただ驚かされる。さらに、はっきりとした結果となって現れるまでには非常に時間がかかるものの、誠実かつ思慮深い親交が不変の有効性をもつと確信している。こうしたことを裏付けるような逸話は、我々のもとに次々に届けられている。例えば、過去6年間にわたって訪問員による支援を受けていたドイツ人家族がそれである。それは父と母、5人の子どものいる家族で、夏のあいだは母親がベリー類の果実を摘んで売り、父親は石炭を拾うことで、わずかな稼ぎを得ていた。彼らは十分に働くことができたにもかかわらず、最初に訪問したときは極貧状態におかれていた。当初、訪問員はぞんざいな対応を受

けていた。ところが父親の仕事を探し出し、子どもたちに心からの関心を寄せてみせたところ、訪問員は彼らへの影響力をもつこととなった。子どもたちが工業学校へ通うまで、これといった改善点はまったくみられなかった。やがて娘たちは母親に、仕事がどのようになされるべきかについて話して聞かせた。彼女たちはまた、訪問員に、自分の部屋をいかにすっきりと整えたかを披露したことにとても満足した。父親は、1週間に12ドルの夜間警備員の仕事を得た。しばらくして、彼が抱えていた借金をすべて返済することができた。彼は、今、訪問員に出会えたことに感謝している。3人の娘たちは仕事に就いている。彼らは幸福で豊かな家族である。──『第10回ボストン慈善連盟報告書（Tenth Report of Boston Associated Charities）』p.55。

<u>子どものいる未亡人</u>──長期にわたって援助を必要とする典型的な事例といえば、6人の子どものいる未亡人だろう。今から4年ほど前に、彼女は我々のところへ送致されてきた。彼女の子どもたちはとても幼く、彼女自身は、悪い人ではないものの、ぼんやりしたところがあって、何一つできなかった。問題は、手を差し伸べるべきかどうかではなく──手のかかる幼い子どもを抱えながら稼ぎを得ることが彼女にはできなかったので、当然のことながら、援助が必要なのは明らかだった──援助が本当に彼女たちの役に立つような形で提供されるかどうかであった。救済は、適切な資源から調達した。例えば、ショウ・ファンド・フォー・マリナーズ・チルドレン（Shaw Fund for Mariners' Children）からは3か月ごとに20ドルを、市からは食料雑貨類に対して毎月2ドルを、さらに折々に、聖ビンセント・デ・ポール協会（St. Vincent de Paul Society）から、1週間に1ドルを得ることができた。最初にその家族に関心を寄せて以来、友人であり相談役ともなってきた訪問員は、3か月に一度の20ドルを彼女たちの代わりに受け取って、そのな

かから家賃の13ドルを支払い、残金を母親に渡した。彼女は自分が頼るべきなのは何かを理解していたし、金銭の適切な使い方も学んでいた。子どもたちは大きくなると、息子は地区の電信会社に就職した。娘のほうは、食料雑貨店に就職することを希望して、訪問員に就職先を見つけてもらいたいと頼んできた。しかしながら訪問員は、仕事の探し方を彼女に教えるほうが彼女のためになると考えて、応募すべき就職口を勧め、学校の教師をはじめとする人たちから推薦状をもらって自分で仕事を探すように助言した。彼女は苦労しながらも勤め先を見つけて、就職した。しばらくして彼女は仕事を辞めたが、何をすべきか知っていたため、次の職場を難なく見つけた。訪問員は息子が建具屋の見習いになるのを望んでいたのだが、彼はそれを断り、自分で探した職場で懸命に働いている。次男は学校へ通いながら、新聞を売っている。夏には、訪問員は協議会の承認を得て、幼い子どもたちをひと月のあいだ、田舎に滞在させるために送り出した。訪問員は、その家族が健康に適した住まいで生活できるように心を砕き、いろいろな方法で彼らのウェルビーイングを保障している。今では、彼女たちは部分的に自立しており、年長の子どもたちは立派で勤勉な人間になっている。このことで我々が感じるのは、4年にわたって訪問員が子どもたちとその母親に及ぼしてきた影響の大きさである。――『第4回ボストン慈善連盟報告書（Fourth Report of Boston Associated Charities）』p.40。

<u>失敗例</u>――ガンマが初めて慈善組織協会に申請書を提出したのは、7年前のことだった。当時、自分が担当する家庭のニーズを熱心に調査するのに十分な知性と信念を備え、担当家庭における対応の計画をやり遂げられるだけの果敢さを持ち合わせているボランティアの訪問員を見つけることは、今よりもずっと難しかった。ガンマはドイツ人男性で、靴の修理職人だった。彼

はアメリカ人女性と結婚していて、当時は、3人の子どもがいた。子どものうちの1人には知的障害があり、自傷他害の傾向がみられた。ガンマが言うところでは、自分にはやる気がなく、仕事を得るのが難しく、そもそも仕事道具がないとのことだった。仕事道具が提供され、協会員たちは彼のために仕事を探したが、この援助の方法は彼の性格にあまり適しておらず、いくらも経たないうちに、協会は彼と連絡が取れなくなってしまった。その数年後、協会側は、市内の別の地区でその家族と再会した。友愛訪問員は家族状況の調査に努め、その改善を試みた。

　訪問員の報告では、その男は「落ち込んで」、家のなかは表現しがたいほど不潔で、ときおり暴力的になる知的障害のある息子のために、生後9か月の4番目の子どもの命が危険にさらされていた。援助が差し伸べられたが、ガンマの理屈によれば、よその地域ならもっとうまくやれるということだったので、一家は引っ越して、篤志家からの金銭的な援助を受けた。まもなく彼はやる気をすっかり失ってしまった。彼は殊勝なことを言ってのける弁の立つ人間で、勤勉さや清潔さを教え込むためのあらゆる努力は、知的障害のある息子に自分たちの頑張りのすべてが台無しにされてきたという夫婦の言い訳に阻まれた。

　その一家のたっての願いを受けて、協会は、件（くだん）の息子のための療養所を探した。何か月にもわたる交渉のすえ、息子はオーウィングズ・ミルズ（Owing's Mills）〔ボルチモア州北西部の街〕にある知的障害のある人たちのための訓練所で生活することとなった。この問題が解決したため、訪問員は残された子どもたちのためにその家庭を人並みにしようといっそう力を入れたが、うまくいかなかった。寝付く時間になるまでベッドが整えられることはなく、次に使うときまで皿が洗われることはなかった。汚れた衣服は洗濯されるまで水に浸けたままになっており、気温が高くなると表面がひどい汚れ

かすでいっぱいになって空気が悪臭を放つので、週に1度、洗濯するといった始末だった。残された子どもたちは、身なりもだらしなく、しつけられていなかった。さらに母親は、子どもたちの様子にまったく関心がなかった。知的障害のある息子は、オーウィングズ・ミルズで状態が上向いていたが、息子に会いたいという母親の曖昧な態度を受けて、ガンマは息子を自宅に連れ帰り、訓練所に返すことを拒んだ。彼が良かれと思うことは、いつも口当たりのよい言葉に紛れてしまっているように思われた。近隣の人々が言うには、彼は酒を飲むには飲むが、大酒飲みではないということであった。ある朝、訪問員は彼から手紙を受け取った。そこには、訪問員は彼の家族の面倒をみなければならない、もはや自分にはこの状態が耐えられないので、家族をおいて出て行く、と書かれていた。

　このときも、そしてこれ以降も、訪問員に大きく不利にはたらいたのは、この一家の途方もないだらしなさの一点にあった。このことが、慈善活動に従事するワーカーには絶好の機会のように映ったのである。彼女は、彼らが哀れにみえるからという理由で、知識も計画もなく思いつくままに援助した。すべてのアメリカ人が自分には食後のスピーチができると思っているとよくいわれる。これに加えても差し支えないだろうと思われるのが、アメリカ人すべてではないにしても、大半のアメリカ人が分別をもって慈善活動を実践できると思っているということである。我々が自分のスピーチ力を見誤っていても、その害を被るのは自分自身である。しかしながら慈善活動の失敗に関して何よりも痛ましいのは、その被害者が我々ではなく貧しい人々となることである。ガンマの一家にかかわった友愛訪問員は、人並みならぬ知性と献身を兼ね備えた女性だった。彼女の過ちは次の2点に起因していた。第1は、初期の段階に彼女が委任されなかったということである。第2は、多くの善き教会員たちが要求のままに見境なく手助けしたいと願ったことで

あった。彼らはその家族を訪ね、様子を見て、本当にひどい状態であることを理解し、さらにはこれを「調査」と称して、「ええ、私はガンマの一家を助けていますよ」とのたまった。そして、「私は自分で彼らの状況を調べているのですから」とも言った。心の友である聖書についてのガンマのお決まりの話が、教会員たちをいたく感心させた。

ガンマが家族を置き去りにしたのは、ちょっとした企てだった。すぐに彼は戻ってきて、家族が手にした援助の恩恵を受けた。家賃の支払いから逃れるために転々とし、結局、一家は住居から追い出された。そうして、夫と妻、そして知的障害のある息子を含む子どもたちは、彼らに同情する親切な男性の安定的な援助を受けることとなった。しかしながらその男性も、その一家が他に住まいを探す努力もしていないことや、知的障害のある子どもがいつ放火するかもしれないとガンマたちが恐れていることを知ると、危険を感じて、どんなことが起きる可能性があるのかを知るために慈善組織協会に問い合わせた。我々は、知的障害のある息子がオーウィングズ・ミルズに戻されるまで、そして他の子どもたちがヘンリー・ワトソン児童救済協会（Henry Watson Children's Aid Society）に措置されるまで、妻と子どもたちに電動ミシン室を住居として提供し、ガンマには、仕事を得られるまで友愛宿泊所で木材を挽いて暮らすように助言した。夫は行くことを拒んだが、妻と子どもたちはミシン室へやって来た。知的障害のある息子は、子どもの保護団体の協力を得て、オーウィングズ・ミルズへ戻って行った。

この事例について、日刊新聞が、ガンマのことを非常に勤勉な靴職人で、昨年の不景気のために失業するまで家族をずっと養ってきた、という扇情的な記事を発行したせいで、子どもたちのための我々の計画が妨げられた。一家のために、多額の金品が新聞社に届けられたのである。ガンマは、ヘンリー・ワトソン救済協会（Henry Watson Aid Society）によって2人の子

どもが田舎の善意ある家庭に住むことを承諾していたが、心変わりしたために、見境のない慈善と留まることを知らない堕落と放置というお決まりの話がまたもや繰り返されることとなった。一家を援助してきた男性は、一家がやり直すべきだと考えた。彼らはすでに6年にわたってやり直してきたが、最後は短期間となった。4か月後、彼らの援助者は、正しいのは慈善組織協会で、自分が間違っていたと言ってきた。さらに、子どもたちがガンマの影響を受けて育てば、貧困に陥り、犯罪に巻き込まれるに違いない、とも言った。一家はまたも追い出された。今回は、世間の同情に邪魔立てされる前に、2人の年長の子どもをヘンリー・ワトソン救済協会に委託して、ガンマ夫人と赤ん坊だけが残された。

　ガンマ夫人に対する我々の助言は、赤ん坊に家庭を与えられる母親になるようにということだった。しかしながら、この助言は受け入れられなかった。ボルチモアの別の地域に身を落ち着けたガンマは、聖職者を再び責め立てるようになった。牧師の1人に、自分は刑務所で服役してきた常習犯だと話したが、聖職者の説教を聞くと、彼は改心したいと懇願した。ガンマ一家に関する最新の報告には、近々にも慈善団体は、消極的にせよ彼らに関心を寄せなければならないだろうという情報が含まれている。つまり、新しい赤ん坊がいるというのだ。『チャリティーズ・レコード（Charities Record）』ボルチモア、Vol.II、No. 8。

　成功事例——二つめの事例の家庭には、2度の婚姻歴のある、上品な女性と、彼女の1度目の結婚でもうけた4人の子どもと、二番目の夫がいた。第1子である娘はすでに結婚しており、その夫とともに、母親の暮らす住居に身を寄せていた。この娘のほかに、3人の子どもがいたが、彼らはまだ幼かった。2人目の夫は大酒飲みで、妻を支えることは皆無といっていいくらいな

だけでなく、彼女に激しい暴力をふるっていた。彼女は病院に運ばれて、大きな手術を受けることになった。手術はうまくいったものの、彼女の状態は芳しくなかった。協議会がこの一家について知ったとき、彼らはたいへんな困窮状態に見舞われていた。夫が家庭に持ち帰るものはわずかで、妻は働くことができず、子どもたちのうちの1人がほんの少し稼ぐだけだった。家賃は未払いで、家族が口にできる食べ物といえばオートミールくらいだった。結婚した娘とその夫は、母親一家が、これまでずっと自分たちの負担になっていて、援助するのはもう無理だと話した。その一家の妻が自分でもできると思いついた仕事は縫い物で、こうした仕事のいくつかは、彼女が自分で見つけてきた。病気を患っている1人の子どものためには、病人向けの食料配給所へ依頼がゆき、残りの子どもたちには靴が与えられた。ほどなくして、プロビデント協会（Provident Association）から食料が提供された。この時点で、初めに担当した訪問員は、その街から引っ越しており、新しい訪問員がその一家の担当となった。その訪問員は、以下のように記録している。

「最初にX夫人を訪問したとき、こざっぱりとしていて品があるけれども、明らかに憔悴している女性だと思いました。彼女の顔は淑女のようで、物腰も丁寧だったのですが、彼女からものすごく歓迎されているという感じは受けませんでした。彼女が言うところの、大変に親切だったという前任者について、親しみを込めて話していました。ところがそうするうちに、彼女が、なぜ『ほかの人たちがみんな』自分たちのことを詮索しにやってくるのか分からない、と言いました」。

調べてみたところ、前任の訪問員が複数の慈善協会の代表者たちにはたらきかけ、そのうちの1人が、前任者が彼らに頼んだことについては何の説明

もせずに、あれこれと質問をしたせいで、彼女が気分を害していたことがわかった。現任の訪問員は、自分は前任者と知り合いで、あなたのところへ訪問するように頼まれたのだと話した。さらに、彼女の気持ちに寄り添うように説明したところ、彼女の気分は、いくらか明るくなったように見えた。しかしながらその女性は、自分が受け取っている食料の手配についても憤慨していた。彼女は、慈善など望んでいない、自分が望んでいるのは自分の生活のために縫い物をすることであり、「食料品を配給する代わりに、どうしてそれができないのか」と聞いた。彼女は、店に卸すような縫い物は自分にはできないとも話した。工具として働く賃金は低すぎるし、機械を使って働くことはできない、とも言った。彼女に紹介した縫い物は慈善のための縫い物で、冬にしか仕事をもらえないと聞くと、「それは仕事じゃなくて、慈善じゃないですか。そんなのは、食料配給と同じだわ」と言い返した。訪問員が、では失礼しますね、と言うと、また訪問するように頼まれた。訪問員は何度も訪問して、最低でも週に1度は、その家族を支援するようになった。大酒飲みの夫がいることが配給の理由となっている食料品は、定期的に支給されるべきなのかが話し合われた。X夫人が言うには、自分の夫はその食料には手をつけていない、とのことだった。夫は、家にほとんどいなかったのだ。彼は、土曜の夜にときおり幾らかの金を持ち帰って来て、自宅で食事を取っていた。しかし、その金がなくなると、自分がいないときは、どうやって暮らしているのかを妻や子どもに聞くこともなく、自分が食べる物を探しに家から出て行った。彼が家庭を顧みないのは、自分の家族の面倒は他人がみてくれるだろうという考え方によることが、はっきりしたわけではなかった。妻は、夫は自分たちがどのように暮らしているかについて考えたこともなければ気にかけたこともない、と言い張った。その夫は、妻が病気で寝ているときにも、数週間留守にすることがあったが、妻がどうやって生き延びてい

るのかを聞くこともなく、理解しようともしなかった。彼は、これ以上はありえないほどの無責任ぶりを呈していた。

やがて、訪問員の提案で、下の娘が、いくらかの稼ぎが得られるうえに、毎晩、帰宅できる仕事を始めることが決まった。それは訪問員が娘のために見つけてきた勤め先だった。その娘は、次の冬に自分が着る上着を買うために懸命に倹約に励んだ。それでも、彼女の稼いだ分を生活費に回さざるを得ないほど、一家は困窮していた。そこで訪問員は、冬用の上着を用意することを約束した。7月になって、雇い主が職場を閉めてしまった。訪問員は、その娘のために、ある田舎町に勤め口を見つけた。このときのことを訪問員は、次のように書いている。

「私は、その家庭がこれ以上ないくらいに苦しんでいるとずっと感じていたのですが、それは間違っていませんでした。子どもたちの父親は不在で、母親には持病があって、まだ幼い息子のAちゃんは、次から次へと具合が悪くなるのですが、医者は、それを栄養不足のせいだと言っています。X夫人は、仕事があるときや、可能なときは洗い場の仕事をしており、13歳になる2人の子どもたちはどちらも働いていました。やがて、ある慈悲深い人が、私が適切だと考えるものを、ただ渡すことによって、その一家の一切の面倒を見ると同意してくれました。そんなわけで、10月10日からは週あたり平均で2.65ドル、それとは別に衣料品とその他のために13ドルが渡されました。X夫人と2人の息子は1週間、郊外へ出かけました。それにもかかわらず、X夫人には夏が堪えたようでした。というのも、彼女のはきはきした様子も明るい雰囲気も消えてしまったのです。彼女は暑気にすっかり参ってしまい、息子のAちゃんがジフテリアだけでなく、それとは別の病気にもかかってしまったのです」。

秋には、一家の娘が再び学校に行けるように準備が整った。そして結婚した姉は、ここへきてやっと、妹が学校に通えるように彼女を下宿させることと、クリスマスまでにブーツを贈ることを申し出た。プロビデント協会は、この事例を仔細に検討し、週に2ドルと石炭および衣料品の支給を提示した。友人である訪問員は、それまでに提供してきた援助を、今よりも援助が必要になったときに提供するために取りやめた。2か月後、X夫人の夫が逮捕され、離島の刑務所に1か月間、送致されることになった。

冬のあいだにX夫人は、プロビデント協会からの援助を断ることと、下宿人をおくことで自立するという可能性について、訪問員に相談した。

「彼女の友人の誰もが訪問できる状態で、余分の部屋を手配できました。彼女に必要なのは、あと少しの寝具類だけでした。彼女には、うまくやれる自信があったのです。健康状態は以前に比べるとずっとよく、活力とやる気が出てくるようになっていました。強い説得によって、プロビデント協会が寝具類を提供することに同意しました。さらに彼らは、石炭の支給を続けることも約束しました。けれども、それ以外の援助については、調整をしてみたものの、打ち切られてしまいました。その一家の人々の望みはわずかでしたが、試みはうまくいくように思われました。実際にそれは、私が期待していたよりもずっとうまくいきました。X夫人は、やりくり上手な人だったのです。自宅を居心地良くして、子どもたちの身なりを整え、ささやかながらも、彼女たちが長いあいだ奪われていた快適さをたっぷりと与えました。彼女は明るさを取り戻し、将来に対して希望がもてるようになりました。彼女は、私が出会った9か月前の、病気にかかって生気を失った女性とは別人のようでした。

「彼女の夫が島の刑務所から戻って来て、彼が以前よりももっとひどく振

る舞ったので、私は、彼がこの良い状態を台無しにしてしまうのではないかと懸念しました。ところが１月に夫がナイフを持って彼女に襲いかかったところを、夫が再逮捕されたうえに、４か月にわたって島の刑務所に送り込まれるように彼女が自分で仕向けたのです。さらに彼女は、夫との別居を考えている、と私に話しました。私は彼女の決断を後押しすると同時に、彼女を急かさないようにも気をつけました。なぜなら私は、そうした行動は彼女自身の思いから生じたものでなければ、うまくいかないと感じていたためです。」

「そうするうちに、春先になりました。私は、この一家に本当の、そしてもっと素晴らしい時間がもたらされるように切望していました。ところが不運にも３月に、この幸せに突然終わりを告げる、不幸な事故が起きたのです。３月10日の朝にＮが、自分の母親が階段から落ちて腕を骨折してしまったので、すぐにあなたを呼ぶようにと言っています、と伝えに来ました。私は、この気の毒な女性が右手首を骨折し、顔と身体にひどい青痣をつくってベッドに横たわっているのを目にしました。彼女は痛みにひどく苦しみ失望した様子で、気の毒でなりませんでした。彼女のところにいた下宿人たちが出て行ってしまったので、再び慈善に頼らざるをえなくなりました。けれども私は、彼女が必要としている援助は惜しむようなものではない、と心から言える気がしました。実際に、彼女の自立しようとする努力には誰もが敬意を払わずにはいられませんでしたし、彼女の努力を失敗だと考えるような人はいませんでした。事故のせいで彼女の自立が再び挫かれてしまったとき、その月の残りの部屋代は支払われましたし、家には小麦粉一袋とその他の食料が蓄えられていたうえに、彼女は手首を治療してもらうための医者代として現金８ドルを持ち合わせていたのです」。

補遺

訪問員は、さらに次のように続けている。

「この年の訪問をとおして、Ｘ夫人は私を友人として認めてくれるようになりました。初めのうちは、彼女は私のことをあまり好いていないと考えていましたし、自分が彼女に好感をもつのは、とても難しいとも考えていました。私たちは、互いに本当の意味では気持ちを寄せ合ってはいなかったのです。私は、彼女が私のことを取っ付きにくいと思っているのではないかと気になっていましたし、彼女は、私を試すかのように、哀れになるほど不満いっぱいに振る舞っていました。しかし、彼女のすぐれた面に、私の尊敬の気持ちが湧いてきて、彼女の不運に対して気の毒に思うようになりました。そして、彼女の助けになりたいという私の気持ちが少しずつ表れるようになったのです。彼女が本当の気持ちを最初に示したのは、下宿人をおこうという計画を私に相談したときだったのですが、それは、9か月にわたって絶え間なく訪問を続けてのことでした。それから彼女は、この世でただ１人の友人は私だけだ、と言いました。もっと後になって、計画がうまく進んだころには、自分の成功はすべて私のおかげで、自分は、私が戴く王冠の星の一つにすぎないとまで言いました。もちろん、彼女が自分の成功はすべて私に負うと言ったのは、大げさです。私は彼女があれほど品格のある女性でなければ、手を差し伸べなかったでしょう。けれども、ありえないほど貧しい状態にあったときさえ、彼女は助けられたことがなく、励まされることもなかったために、彼女にはおそらく、自分の足でしっかりと立つための、身体面の頑強さと道徳面の強靭さのどちらも持ち合わせず、さらには後になって巡ってくるような機会がなかったこともまた事実なのです。悪運が再び彼女を襲ったときに頼れる友愛訪問員がいたことは、彼女にとって非常に大きな意味をもつことでした。彼女はひ

どく塞ぎこんで、痛みに苦しみ横たわりながら、私だけがこの世の唯一の慰めだとむせび泣きました」。

彼女が手首を骨折してからは、その手首のせいで、編み物がまともにできなくなってしまった。右手がほとんど自由にならなかったので、彼女は長期にわたって援助に頼っていた。彼女が再び自立できるような見通しはまるでなかった。しかしやがて彼女は、自分の知り合いが住む、ある田舎町へ引越すことを希望した。訪問員は自らその場所へ出向き、見通しを検討して、その計画が試みるに値すると判断した。プロビデント協会は、引越しの費用として10ドル、支度金として10ドルを支給した。その後は訪問員が少しずつ渡していたが、その一家はほぼ自立した状態にあった。息子は工場で働き、娘は近隣の人に雇われた。母親は雌鶏と野菜を育てていた。最後の報告には、娘が結婚したとあった。娘の夫は、好青年で裕福だった。2人の兄弟はともに十分な稼ぎを得るようになった。弟のほうは、病弱な子どもから丈夫で思いやりのある少年へと成長した。母親は、雌鶏をうまく育てて、卵を高い値段で売った。夫は以前と同じように家に出入りして、家族の収入には何の貢献もしなかったが、誰かに対してとくに害になるようなこともしなかった。いうまでもなく、彼女たちが最初に発見されたときとは正反対に、現在の一家の状態は非常に幸福である。当然のことながら、このような状況の変化は、訪問員の熱心で献身的なはたらきによるところが少なくない。——『第16回ボストン慈善連合報告書（Sixteenth Report of Boston Associated Charities）』p.45以降。

<u>善き隣人から無意識のうちにもたらされる影響</u>——悪評のある近隣に、不道徳な男性も女性もいないといっても差し支えないだろう。しかし、彼らが

自制心を完全に失くしていたり、人格というものに無関心であったりすることはあり得る。彼らには、人間としての手本となる人物が身近にいない。彼らは不道徳な行いの巣窟や温床から近いところに住んではいるが、実直で清廉潔白な生活を送っている。そして、どの程度まで意識しているのかは定かではないとしても、出会いによって自制心が喚起されたり影響を受けたりする。場というものが触れられることはあまりないが、次の二つの事例をとおして明確化したいと思う。マンチェスターの、ある法廷の裏通りには、これ以上ないほど酷い状態にある人々がいることで有名である。そこに、身体に麻痺があるために何か月にもわたって、ベッド代わりの古びたソファーから起き上がれないでいる男性が住んでいた。彼は王立病院に入院していたことがあり、そこでは、完治は無理だが、通常のケアがあれば数年は生きられるだろうと言われていた。彼はクランプサル（Crumpsall〔ローチェスターの郊外〕）の救貧院病院に引き取られることとなった。そこでは、丁寧な看護と適切な食事を摂れることになっていた。彼は救貧院病院に対して、何の不安も感じておらず、少しでも治療の望みがあるのなら、と喜んで入院した。彼は王立病院で自分が受けた治療をこれ以上ないほど賞賛している。しかし完治の見込みがないので、男性とその妻は、彼が生きているあいだは一緒にいることを決め、病院からの援助を断った。妻もまた、夫が自分から離れることを嫌がった。妻は、その裏通りに住まいを構え、夫が寝ている部屋で働き、4人の子どもたちには別の部屋が提供された。妻は一週間に平均して5シリングを稼いだ。一番上の息子は、その時々によるとはいえ、5シリング以上を稼いだので、その10シリングから、2シリング6ダイムの家賃を払い、石炭とロウソクを買い、残りの金で6人は生活している（後見人が、2人の子どもをスウィントン（Swinton）の学校に入学させるのを引き受けてくれたため、今の状況は良くなっている）。これは、素朴な、ごくありふれた話である。

ところで、この妻がしたことはどのような影響をもたらしたのだろうか。彼女は隣人に仔細を語らなかった。彼女の高い目的意識と、夫と子どもへの彼女の完璧な献身は、周りの女性たちに罪悪感を抱かせ、男性たちには彼女のような女性に相応しい男になりたいと思わせた。彼女は何か特別なことをしようと考えたのではなく、自分の人生を夫と子どもたちに捧げただけで、「無意識のうちにもたらされる影響」という言葉の意味するところについては少しの知識もなかった。それにもかかわらず、彼女は「暗闇に差す一筋の光」なのである。

　もう一つの事例を紹介しよう。ある年老いた男性は、40年にわたって労働者として働いてきたが、1週間に20シリング以上を稼いだことがなかった。それでも彼は、3人の息子を育て上げた（息子たちは、たいへんな働き者で、結婚して家庭がある）。これ以上は働けない状態になってもなお、最後の雇い主からは週に5シリングを受け取っていた。家賃は息子たちが支払い、さらに彼らは父親を訪ねるたびに小遣いを置いていく。これだけが、彼とその妻の収入である。少し前に、彼は通りで、以前に一緒に働いていたことがある男の娘と思しき若い女性に出会った。彼は、彼女がふしだらな目的のために出歩いているのを見とがめ、そのような人生を送っていることを知ってとても残念に思う、とその娘に話した。彼女は申し訳なさそうにして、後悔の念をみせたので、彼は自宅にいる妻のところへその娘を連れて行き、彼女の父親に会うことができるまで面倒を見た。彼は、その娘の父親が娘の不品行を恥じて、マンチェスターでの仕事を辞め、バリー（Bury）に引越したことを知った。その年老いた男性は、ある日曜日に、娘の父親が自宅にいるだろうと考えて、バリーまでの7マイル〔約11km〕を歩いて行き、以前の同僚を探し当てたが、娘を自宅に引き取るように説得することはできなかった。実際にはその父親は、そう頼まれたことに腹を立てて耳を貸そうともしなかっ

補遺

た。老人は歩いて帰路につき、妻に、来週の日曜日に、もう一度やってみようと思うが、それまではあの娘は自分たちと一緒にいなければならない、と話した。次の日曜日、老人はバリーまで歩いて行き、父親と会った。父親は、いくぶん穏やかな様子になっていたものの、依然として娘に会うことを拒んだ。老人は、再び家まで歩いて戻り、老人と妻は、うまくいくまで娘は自分たちのところに留まるのが良いだろうと話し合って決めた。翌週の日曜日、彼はうまくいくことを信じて出かけて行った。そしてこの日、娘の父親はついに折れた。翌日の月曜日、娘は自宅へ戻り、それからは自宅で暮らし、きちんと働いている。老人と妻は、自分たちが「気の毒な娘さん」に対して「非凡な」ことをしたとか、求められる以上のことをしたとは考えてもいない。
——アレクサンダー・マドゥガル（Alexander M'Dougall）委員『飲酒と貧困（Drink and Poverty）』p.7以降。

訳者解説
−リッチモンドに学ぶソーシャルワークの原点−

本書は、1899年に出版されたメアリー・E・リッチモンド著 "Friendly Visiting among the Poor – A HandBook for Charity Workers" の全文訳である。ここでは、本書を読み進めるうえで助けとなるリッチモンドの人物像や時代的背景、本書の構成と内容を簡潔に紹介するとともに、本書の今日的意義について訳者の視点から解説する。

＊

　リッチモンドは、1861年にアメリカ・イリノイ州で生まれ、メリーランド州ボルチモアで幼少期を過ごした。早くに両親を亡くし、16歳で高校を卒業後、事務職を転々としながら独立して生計を立てた。幼い頃から読書に親しみ、家族関係や経済面で苦労を重ねながらも、常に理想を追求し、音楽や宗教活動を通して自らの人生に広がりをもたせる強さを備えた女性であった。こうした側面は、本書においても、人間のあるべき姿（第1章、第9章、第10章）、家族における男女の役割（第2章、第3章）、教育と余暇（第5章、第6章、第8章）、経済的自立（第2章、第4章、第7章）、慈善と宗教（第1章、第10章）、自助と共助（第9章、第11章）についての見解を通してうかがうことができる。

　本書は、リッチモンドが10年間勤務したボルチモア慈善組織協会での集大成としてまとめられたもので、概ね1800年代半ばからアメリカで広がりをみせていた友愛訪問活動の訪問員のためのハンドブックという形式をとっている。現代ソーシャルワークの原点を示す学術的資料として、本国アメリカで歴史的意義が高く評価されている。わが国の読者には、19世紀におけるアメリカの人々の暮らしや慣習を知るための生活史としても興味深く感じられるだろう。

　時代的背景という観点から、本書を理解するためのキーワードを挙げるとするならば、「民主主義」と「科学的根拠」となるだろう。当時のアメリカは、

民主主義という理想を遂行する若い国であり、ヨーロッパの多くの貧しい移民を受け入れながら、その存在感を急速に拡大していた。本書の根底には、イギリスをはじめとするヨーロッパ諸国の伝統的な価値から脱却し、新しい価値に基づいた社会を実現させるというアメリカの自負と気概が流れている。

　もうひとつのキーワード「科学的根拠」に関しては、産業革命以降の科学的技術の発展によりその追求が可能となった。これにより、人間の諸活動を客観的に測定することができるようになり、医療、教育、経済など様々な行動の権威づけと専門職化が進んでいった。このことは、慈善活動においても例外ではなかったことが、本書からは推察される。リッチモンドがこの時期に友愛訪問活動を類型化して本書に取りまとめた背景には、目に見えない宗教心に基づいた慈善から科学的な根拠に基づいた慈善への転換が、社会的に要請されていたことによると考えられる。

　これらの時代的背景はいうまでもなく、本書におけるリッチモンド個人の熱意を過小評価するものではない。執筆当時、中産階級の台頭によってボランティアによる友愛訪問活動が一定の成果をあげる一方で、手当たり次第に行われる慈善活動が貧困の根本的な解決になっていないこと、それによって援助される人々が苦しんでいることに、リッチモンドは誰よりも胸を痛めていたことが本書の端々からうかがえる。読者の方々には、そのあたりの心情に触れることで、人を援助することに伴う苦悩と喜びについて、時代を超えて共有していただけるのではないかと思う。

＊

　本書の今日的意義は、主に以下の３点から指摘することができる。１点目は、ソーシャルワークにおける貴重な研究資料であるということである。本書では、友愛訪問活動がどのように展開されていたのかについて、当時の活

動記録などが詳細に紹介されているなど、活動実態や友愛訪問員たちが何を大事に活動していたのかを生き生きと知ることができる。なかでも、リッチモンドは「友人として」接することの重要性を説いている。そこに込めた思いとしては、その人自身に関心、共感を寄せること、一人の人として尊重することであり、そのことが本人の主体的な問題解決につながることを示した。また、当時の都市のありようも理解することができ、ソーシャルワークがどのような社会背景から誕生し、人々の生活を支援しようとしたのか、その根源に触れることができる。

　２点目は、生活の質の向上を目指した生活困窮者への生活支援のあり方について、多くの示唆を得ることができることである。2013年の生活困窮者自立支援法成立に伴い注目される生活困窮者への生活支援であるが、本書では、まさに友愛訪問員たちによる生活困窮にある人々の家庭生活に密着した支援を学ぶことができる。当時の時代背景も加味しながら理解していく必要はあるが、単に困窮状態から脱却できるように支援するだけでなく、レクリエーション活動も含めた文化的な面に関する支援の重要性についても言及されている。

　３点目は、他者との協働が支援を効果的なものとするうえで欠くことができないことを再確認できるということである。現在、地域包括ケアシステムの構築や地域福祉の推進において、近隣住民や多機関、多職種による協働が求められているが、友愛訪問においても他者との協働は重要なものとして位置づけられており、友愛訪問員の原則として掲げられている。当時から友愛訪問における生活支援は、他者との協働があってこそ展開できるものとして認識されていたことの意味は大きく、ソーシャルワークにおける協働の重要性を再確認できる。

＊

本書の翻訳は、2011年4月に大阪市立大学大学院の故岩間伸之先生がご紹介くださり、訳者3名が外書講読したことがきっかけとなっている。その後、外書講読の資料をもとに訳者3名が分担章を全訳したものを、門永が全体を通して文体や訳語のブラッシュアップと統一を行った。翻訳にあたっては、学術的史料の価値を保つために、できるだけ原文に忠実に訳することを心がけた。そのため意味の取りづらいところがあるが、訳者の力量不足の致すところである。出版の機会を与えてくださった岩間先生には残念ながら完成をお見せすることができなかったが、これまでのご指導に深くお礼を申し上げたい。

　出版にあたっては、中央法規出版の飯田研介さん、松下寿さんには、歴史的な名著を日本に紹介することの意義をご理解くださり、実務面でも並々ならぬお世話をいただいた。また校正作業にかかわる方々には、原典の細かいところまで丁寧に確認いただいたおかげで、翻訳の完成度を高めることができた。本当にありがとうございました。

　人口減少社会を迎え、人々の生活課題も変化していくことが予想される。それに伴ってソーシャルワークに求められる役割や機能も変化していく。しかし、そのなかにあっても変わらないソーシャルワークにおける援助の本質は存在する。本書はその本質にいつでも立ち返らせてもらえるものといえる。生活者一人ひとりと真摯に向き合い、彼らの真の福祉の実現に向けて読み継がれることになれば、これ以上の喜びはない。

索　引

【あ～お】
アダムズ, J. ……………………………… ii, 55
一家の主人 …………………………………… 14, 34
援助 ……………………………………………… 108

【か～こ】
カレッジセツルメント ……………………… 4
切手貯金 ………………………………………… 94
救済 ……………………………………………… 108
教会 ……………………………………………… 128
禁酒 ………………………………………………… 44
勤勉 ………………………………………………… 84
倹約 ………………………………………………… 84
子ども …………………………………………… 60
個別サービス …………………………………… 4

【さ～そ】
施設ケア ……………………………………… 124
慈善活動 ………………………………………… 10
慈善組織協会 …………………………………… i
慈善連盟 ………………………………………… iii
疾病 ……………………………………………… 74
児童救済機関 ………………………………… 63
児童保護協会 ………………………………… 31
主婦 ……………………………………………… 50
聖職者 ………………………………………… 135
セツルメントワーカー ………………………… 6
全国慈善会議 ………………………………… 23

【た～と】
ソーシャルサービス …………………………… 4
ソーシャルセツルメント ……………………… 4

【た～と】
地区訪問員 …………………………………… 148
チャリティワーカー …………………………… 6

【な～の】
ニーズ …………………………………………… 9
ニード …………………………………………… 9

【は～ほ】
ハルハウス ……………………………………… ii
ヒル, O. ……………………………… ii, 26, 98, 139
ブース, C. …………………………………… 152
不健康 ………………………………………… 74
保育所 ………………………………………… 60
ボサンクエット, B. …………………… ii, 14, 22, 36

【ま～も】
民主主義 ……………………………………… 148

【や～よ】
友愛訪問員 ……………………………… i, 138

【ら～ろ】
レクリエーション ……………………………… 99
ロック, C. S. …………………………………… ii

訳者紹介

門永朋子（かどなが・ともこ）
大阪市立大学大学院生活科学研究科後期博士課程修了。博士（学術）。大学教員を経て、翻訳家、異文化ファシリテーター、ジュエリー作家。共訳書に、M.W. フレイザー編著『子どものリスクとレジリエンス－子どもの力を活かす援助－』（門永朋子、岩間伸之、山縣文治訳、ミネルヴァ書房、2009年）、主な論文に「子ども家庭福祉実践におけるリスクとレジリエンスの視座の可能性」（『子ども家庭福祉学』No.10、2010年）がある。
担当：序にかえて、第1章、第2章、第5章、第9章、第11章、補遺

鵜浦直子（うのうら・なおこ）
大阪市立大学大学院生活科学研究科後期博士課程中退。博士（学術）。大阪市立大学大学院生活科学研究科講師。主な論文に「ソーシャルワークの機能強化に向けた後見人等との連携・協働に関する研究－成年後見制度を活用したソーシャルワーク実践の分析から－」（『社会福祉学』vol.51, No.4、2011年）、「成年後見制度と判断能力が不十分な人への意思決定支援のあり方－日本の成年後見制度の現状と課題から考える－」（『国際社会福祉情報』No.39、2015年）等がある。
担当：第4章、第7章、第10章、補遺

髙地優里（たかち・ゆり）
大阪市立大学大学院生活科学研究科前期博士課程修了。修士（学術）。元社会福祉法人恩賜財団大阪府済生会吹田医療福祉センター大阪府済生会吹田病院医療ソーシャルワーカー。
担当：第3章、第6章、第8章

貧しい人々への友愛訪問──現代ソーシャルワークの原点

2017年9月15日　発行

著　者　　メアリー・E・リッチモンド
訳　者　　門永朋子・鵜浦直子・髙地優里
発行者　　荘村明彦
発行所　　中央法規出版株式会社
　　　　　〒110-0016　東京都台東区台東3-29-1　中央法規ビル
　　　　　営　　業　TEL 03-3834-5817　FAX 03-3837-8037
　　　　　書店窓口　TEL 03-3834-5815　FAX 03-3837-8035
　　　　　編　　集　TEL 03-3834-5812　FAX 03-3837-8032
　　　　　http://www.chuohoki.co.jp/

印刷・製本　　長野印刷商工株式会社
装　幀　　　　ジャパンマテリアル
本文デザイン　清水真理子（TYPEFACE）
ISBN978-4-8058-5578-2

定価はカバーに表示してあります。
本書のコピー、スキャン、デジタル化等の無断複製は、著作権法上での例外を除き禁じられています。また、本書を代行業者等の第三者に依頼してコピー、スキャン、デジタル化することは、たとえ個人や家庭内での利用であっても著作権法違反です。
乱丁本・落丁本はお取り替えいたします。